文在寅《ムン・ジェイン》韓国新大統領
守護霊インタビュー

大川隆法
RYUHO OKAWA

まえがき

二〇一七年五月九日、韓国大統領選が行われ、文《ムン》氏が新大統領に選ばれた。九年ぶりの革新系の大統領の登場である。対北朝鮮融和論者にして、対日強硬派ともいわれている。

ただ私には、反朴《パク》前大統領を強く国民に訴えて当選したが、本心は、はかり知れないウソで固められているように思われる。

日本政府も、米国政府も、この人の公式発言を信じてはならない。誰に対しても耳ざわりのいい言葉で語りつつ、顔の皮《かわ》の厚さは城壁《じょうへき》の如《ごと》く、腹の黒さは炭《すみ》の如しである。

日本は韓国をあてにせず、一層の自主外交、自主国防を押しすすめるべきである。恐ろしいファシストの誕生かもしれない。日本の左翼マスコミも、これで平和が訪れるかのような、愚かな夢を語るべきではないと思う。

二〇一七年　五月十一日

幸福《こうふく》の科学《かがく》グループ創始者兼総裁《そうししゃけんそうさい》　大川隆法《おおかわりゅうほう》

文在寅　韓国新大統領守護霊インタビュー　目次

文在寅《ムンジェイン》　韓国《かんこく》新大統領守護霊《しゅごれい》インタビュー

二〇一七年五月十一日　収録
幸福の科学　特別説法堂《せっぽうどう》にて

7　文新大統領を背後で指導する霊存在とは　

8 韓国はファシズム国家に向かうのか!?

9 統一朝鮮で「日本を滅《ほろ》ぼすのが使命だと思っている」 174

特別収録
ムッソリーニの霊言《れいげん》1

二〇一七年五月十日　収録
幸福の科学 特別説法堂にて

特別収録

ムッソリーニの霊言2

二〇一七年五月十二日　収録
幸福の科学　特別説法堂にて

「霊言現象《れいげん》」とは、あの世の霊存在の言葉を語り下ろす現象のことをいう。これは高度な悟《さと》りを開いた者に特有のものであり、「霊媒現象《れいばい》」（トランス状態になって意識を失い、霊が一方的にしゃべる現象）とは異なる。外国人霊の霊言の場合には、霊言現象を行う者の言語中枢《ちゅうすう》から、必要な言葉を選び出し、日本語で語ることも可能である。

また、人間の魂《たましい》は原則として六人のグループからなり、あの世に残っている「魂のきょうだい」の一人が守護霊《しゅごれい》を務めている。つまり、守護霊は、実は自分自身の魂の一部である。したがって、「守護霊の霊言」とは、いわば本人の潜在《せんざい》意識にアクセスしたものであり、その内容は、その人が潜在意識で考えていること（本心）と考えてよい。

なお、「霊言」は、あくまでも霊人《れいじん》の意見であり、幸福の科学グループとしての見解と矛盾《むじゅん》する内容を含《ふく》む場合がある点、付記しておきたい。

文在寅《ムンジェイン》 韓国《かんこく》新大統領守護霊《しゅごれい》インタビュー

二〇一七年五月十一日　収録
幸福の科学 特別説法堂《せっぽうどう》にて

文在寅《ムンジェイン》（一九五三〜）

大韓民国《だいかんみんこく》の政治家、弁護士。慶熙《キョンヒ》大学校卒。在学中に朴正熙《パクチョンヒ》政権に対する民主化運動で投獄《とうごく》される。一九八〇年、司法試験に合格し弁護士になると、八二年に、後《のち》の大統領・盧武鉉《ノムヒョン》氏と法律事務所を開業。盧政権発足《ほっそく》後は大統領秘書室長等を歴任する。その後、「共に民主党」代表等を経《へ》て、二〇一七年五月、第十九代大統領に就任。

質問者　※質問順

酒井太守《さかいたいしゅ》（幸福の科学宗務《しゅうむ》本部担当理事長特別補佐《ほさ》）

大川裕太《おおかわゆうた》（幸福の科学常務理事 兼《けん》 宗務本部総裁室長代理 兼 総合本部アドバイザー 兼 政務本部活動推進参謀《さんぼう》 兼 国際本部活動推進参謀）

武田亮《たけだりょう》（幸福の科学副理事長 兼 宗務本部長）

［役職は収録時点のもの］

1　朴《パク》大統領親子と因縁《いんねん》の対決をしてきた文《ムン》新大統領

韓国《かんこく》で九年間の保守系に替《か》わって、革新系の大統領が誕生

大川隆法　昨日《きのう》（二〇一七年五月十日）、韓国《かんこく》に、今までの約九年間の保守系大統領に替《か》わり、文在寅《ムンジェイン》氏という革新系の大統領が登場しました。

この人は、前回の大統領選挙（二〇一二年）で朴槿恵《パククネ》氏と争い、僅差《きんさ》で敗れた方です。文氏は、朴槿恵前大統領のお父さんである朴正熙《パクチョンヒ》大統領の在任中には、学生運動をやって、政治犯として投獄《とうごく》されています。そして、今回は、朴槿恵氏が弾劾罷免《だんがいひめん》されて失職しているときに、大統領に当選するというかたちになりました。その意味で、因縁《いんねん》のある方であるとは思います。

年齢《ねんれい》的には私の同世代に近い方なので、時代感覚的には、私とそれほどずれていな

いのではないかと思っています。

今、朝鮮《ちょうせん》半島情勢について語るというか、分析《ぶんせき》し、その筋道《すじみち》を見ることは、国際政治的にもいちばん難しいことなので、実力が試《ため》されるところです。単に朝鮮半島の南北だけの問題ではなく、「中国、ロシア、アメリカ、ヨーロッパ、日本等との相関関係のなかで、どう考えるべきか」という問題が出てくるので、非常に難しい応用問題かと思います。

この人が大統領になる直前には、朝鮮半島の情勢が緊迫《きんぱく》し、アメリカは「北朝鮮への攻撃《こうげき》がなるか」というような状態でしたし、日本もそうでした。経済制裁等も、アメリカや国連だけでなく、中国までを含《ふく》んで、厳しくなっている状態だったのです。

そのなかにあって、韓国大統領選では「反対のこと」を言う人が出てきて、約四十一、二パーセントの高得票率で当選し、保守系のほうが負けました。

これを見て、「朝鮮半島は、北朝鮮も韓国も、両方とも国際政治音痴《おんち》だ」と、あっさりと見切る考えもあろうかと思います。「まったく分かっていない」という感じもあるわけです。

ただ、逆に、韓国の内部から見ると、北（朝鮮）の脅威《きょうい》は、もう六十年も七十年も続いているので、もう慣れっこになってしまっています。〝狼《おおかみ》少年〟のようにいくら叫《さけ》んでも、もう誰《だれ》も信じなくなっていて、避難《ひなん》訓練はあるけれども、本気にしていないようなところがあるのです。

先日、北朝鮮によるミサイル発射実験があったとき（二〇一七年四月二十九日）には、一時、日本の地下鉄が止《と》まりましたが、「それは何かの訓練ですか」と韓国の人が言ったりしました。そして、「いや、ミサイルが飛んでくるかもしれないので、本当に止まったのです」と言われ、「ええ？　そんなこと、信じられない」ということを韓国の人は言っていたのです。そのような状況《じょうきょう》なので、かなり感覚は違《ちが》うようです。

「北の脅威」と言いつつも、「同朋《どうほう》だから、攻撃したりはしてこないだろう」というような甘《あま》えもあるような感じがします。

当選後、現実路線に変わろうともしている文在寅氏

大川隆法　文氏の公約をそのまま実行したら、アメリカともぶつかることになります。彼は、選挙前には、「真っ先に北朝鮮に行き、平壌《ピョンヤン》で話し合う」というようなことを言っていました。

ところが、選挙が終わったら、「まずワシントンにも行って話をしないといけない」「中国とも話をしないといけない」「日本とも話をしなくてはいけない」などと言っていて、平壌の名が出てきたのは四番目でした。

当選後、早くも、一日ぐらいでガラッと情勢が変わり、現実路線に変わろうともしていると思います。

彼が当選したときの様子には熱気があって、若者を中心に、救世主でも現れたかのような扱《あつか》われ方をされていたのですが、就任するや否《いな》や、現実路線に戻《もど》されつつあると思います。ワシントンに行って、選挙前の公約をそのまま言えるような立場にはな

いように感じられるのです。

まあ、彼の外見は年齢のわりには〝イケメン〟の感じがあって（笑）、人気はあるのではないでしょうか。若い人にも、「かっこいい」「愛している」などと言われて、韓流《ハンりゅう》スターのような言われ方もしているのですが、実際は、かなりの〝タヌキ親父《おやじ》〟なのではないかと私は推定しています。

信念があるのか、あるいは、そういうものは特になく、空気を読みながら感覚的に動いているのか、このあたりについては分かりません。

今日も、彼の本音にまで迫《せま》れるかどうかは分かりませんし、まだ、本人自身が、今後の一カ月や二カ月の期間、考えがまとまらないかもしれません。大統領の立場に立ち、いろいろな国の人と話してみないと、分からないものもあるのです。

「反朴槿恵」だけで当選する政治状況からすると、北朝鮮も韓国も、まったく国際社会から浮《う》き上がっているように見えなくはないのですが、内部のことのほうが大事なのでしょう。そういう「内部志向の国」ではあります。こういうことがずっと続いている国ではあるのです。

今日、彼の守護霊霊言《しゅごれいれいげん》を収録してみて、結論まで見えなくてもよいと思うのですが、「どのような筋の人か」を知るための参考材料となるように調べてみる必要はあるのではないかと思います。

韓国《かんこく》新大統領の〝お面〟を剝《は》がすことはできるか

大川隆法　昨日の夜あたりには、菅官房長官《すがかんぼうちょうかん》の守護霊らしき者が私のところをウロウロしてはいました。

それは、山本五十六《やまもといそろく》の霊言関連の心労からでしょうか（注。二〇一七年四月二十六日収録の「稲田朋美《いなだともみ》防衛大臣の守護霊霊言」で、稲田大臣の過去世《かこぜ》が連合艦隊《かんたい》司令長官の山本五十六であることが明かされた。『「戦えない国」をどう守るのか　稲田朋美防衛大臣の守護霊霊言』〔幸福の科学出版刊〕参照）。

あるいは、「朝鮮半島の（韓国《かんこく》）大統領が替わって、どうなるのか？」ということを心配しているのでしょうか。

　そのようなことを日本の政権も心配しているのではないかと思います。

　ですから、今日は、韓国の新大統領の「魂《たましい》の筋」を見て、「どのように考えそうな人か」というあたりまで行けばよいのではないかと思っています。

　現実に、まずワシントンで話をしようとしていますし、知日派《ちにちは》を首相に据《す》えようとしたりもしているので、「外で言っていることと、なかで考えていることは、かなり違うのではないか」という気もしています。

　さて、実際には、どのような人なのでしょうか。騙《だま》されるかもしれませんが、（今回の質問者たちは）〝お面を剝《は》がす〟のが好きな人たちなので、大丈夫《だいじょうぶ》かと思います。

　ただ、韓国には「大統領に対する名誉毀損罪《めいよきそん》」があるらしいので……（注。二〇一四年八月、産経新聞の公式ウェブサイトに、同紙のソウル支局長が、セウォル号沈没《ちんぼつ》事故における「朴槿恵大統領の空白の七時間」について報じたところ、検察当局が「大統領への名誉毀損に当たる」として支局長を在宅起訴《きそ》。韓国からの出国を禁止する行政処分を行った)。

今回の対象は、大統領本人ではなく、その守護霊ではあるのですが、丁寧《ていねい》に質問し、〝お面〟を自主的に脱《ぬ》いでいただいて、好きなように本心を話していただきたいものです。

〝百日ルール〟(注。「新政権の発足《ほっそく》後、百日間は、どのようになるかを見守る」というルール)で言えば、まだまだ意見がコロコロ変わってもよいのかもしれません。特に日本の政府に対して言いたいことがあれば、言ってもらってもよいかと思います。また、反日のパフォーマンス等の真意も訊《き》いてみたいと思いますし、「北をどうするのか。何か考えがあるのか、あるいは、ないのか」ということも知りたいと思っています。

おそらく日本語での意思疎通《そつう》は可能かと思われるので、日本語で話をしてみます。最初は、もしかしたら日本語がうまくないかもしれませんが、しばらくしたら、たぶん通じるだろうと思います。

韓国《かんこく》の文在寅新大統領の守護霊を招霊《しょうれい》する

大川隆法　それでは、第十九代大韓民国《だいかんみんこく》大統領になりました文在寅氏の守護霊をお呼びいたしまして、守護霊インタビューを幸福の科学のほうで行わせていただきたいと思います。

北朝鮮の金正恩《キムジョンウン》氏には何度も来ていただいております。

新大統領になりました文在寅氏よ。その守護霊よ。

どうか、われわれの質問にお答えください。

新しい韓国の方途《ほうと》、北朝鮮との関係、日本やアメリカ、中国、ロシアとの関係などについて、ご見解等を伺《うかが》えれば幸いでございます。

文新大統領の守護霊よ。

文新大統領の守護霊よ。

どうぞ、ご降臨たまいて、われらにその本心を語りたまえ。

お願いいたします。

（約十秒間の沈黙《ちんもく》）

2 「他の国がどう考えているかを聞いて、韓国《かんこく》はどうするかを決める」

手の内を明かすことを嫌《いや》がる文在寅《ムンジェイン》氏守護霊

文在寅守護霊　うーん……、忙《いそが》しいんだけど。

酒井　おはようございます。文在寅大統領の守護霊様でいらっしゃいますか。

文在寅守護霊　忙しいんだが。

酒井　忙しいですか。

文在寅守護霊　うん。

酒井　「ここは、どこか」というのは、お分かりになりますか。

文在寅守護霊　うん？　日本だろう？

酒井　「幸福の科学」はご存じですか。

文在寅守護霊　ああ、まあ。うん。ここ一、二日で、情報は入ってきた。

酒井　そうですか。なるほど。

今日は、文在寅大統領の、これからの「考え方の筋《すじ》」というものを、ぜひ、お聞かせいただければと思っています。

文在寅守護霊　なんで言わなきゃいけないの？

酒井　それは、まあ、隣《となり》の国ですから。

文在寅守護霊　隣だと、なんで言わなきゃいけないの。

酒井　言わないんですか。

文在寅守護霊　うん？　だって、不利になったら困るじゃない。

酒井　なるほど。要するに、あなたの考え方の筋としては、「不利になるか、ならないか」がメインになるわけですね？

文在寅守護霊　「ほかの国がどう考えてるか」を聞いて、「韓国《かんこく》はどうするか」を決めるのが賢《かしこ》いよ。

選挙中の発言は、すべて票を取るためのものだった？

酒井　ということは、まだ、大統領として、「韓国をこういう国にしていきたい」というものはないのでしょうか。

文在寅守護霊　いや、そんなものはないでしょう。

酒井　ないんですか。

文在寅守護霊　「大統領になりたい」というほうが先であって、「なったら、どうするか」は、そのあとのことだからさ。

酒井　考えていなかったのですか。

文在寅守護霊　いや、そんなことはないよ。立候補している以上、それはあるけども……。

酒井　ありますよね？　例えば、今、北朝鮮《きたちょうせん》との関係が緊迫《きんぱく》していますが、このあたりについては、どのようにお考えですか。

文在寅守護霊　「南北朝鮮の統一」は、北朝鮮だろうが、韓国だろうが、みんな、夢だからねえ。それは、強硬派《きょうこう》であろうと、融和派《ゆうわ》であろうと、両方、そうは思ってるよ、それはな。みんな一緒《いっしょ》だよ。それは一緒だ。

酒井　統一を図《はか》っていきたい、と。

文在寅守護霊　それは一緒だ。みんな、そうは思ってるよ。だって、身内とか親戚《しんせき》とか、まだ北にだいぶいるもんな、みんな。生きてる間に、何とか行き来できるようにしたいわなあ。

酒井　なるほど、そうですか。そこに関しては、朴槿惠《パククネ》さんの考え方とは、どう違うのでしょうか。

文在寅守護霊　まあ、〝クネクネ〟しとって、あいつは、何を考えてるか分かんないからな。われわれは、現実主義者なんですよ。

酒井　現実主義？

文在寅守護霊　うん。だから、「理論」でものを考えないから。まあ、「現実」が、われわれの行動を呼ぶんだ。

酒井　そうすると、現実主義で、金正恩《キムジョンウン》との対話を、今なさりたいということなのですか。

文在寅守護霊　（約五秒間の沈黙《ちんもく》）別に、そんなに積極的にしたいわけじゃないけどね。あのように言っておくと、「反朴《パク》」の人の票が入るからな。

酒井　票が取れる？

文在寅守護霊　うん、うん、うん、うん。

酒井　ということは、ご発言は全部、票を取るための……。

文在寅守護霊　もちろん、それはそうでしょ。それ以外ないでしょう。みんな、そうなんだから。三人とも、そうなんだから。

「THAAD《サード》配備に対する本音」を語る

酒井　サード（THAAD）（終末高高度防衛ミサイル）とかも、要《い》らないというような話もしていましたけれども。

文在寅守護霊　あんた、発音悪いね。違《ちが》うんじゃない？

酒井　THAAD《サード》ですね。

文在寅守護霊　あのね、韓国人の英語力、高いのよ。

酒井　（笑）。

文在寅守護霊　あなたがた日本人と違って、かなり高いからさ。あんたがたが、われわれの英語力まで行くのに、あと五十年かかるからね。

酒井　まあ、英語の話はいいとして、ＴＨＡＡＤに関しては、どのように考えますか。

文在寅守護霊　ええ？　だから、直前、反対していましたよ。反対してましたよ。

酒井　そうですよね。

文在寅守護霊　うん。だから、アメリカへ行って、上手に説得されないといかんわなあ。

酒井　つまり、「本音ではない」ということですよね？

文在寅守護霊　ああ、嫌々《いやいや》そうにして。まあ、●トランプ大統領が〝金をせびって〟きとるからさあ。それを、なるべく払《はら》わずに逃《に》げ切ったら勝ちだ。

こちらは、「嫌だ」と言っとけば、向こうが「金を出す」と言ってくれりゃあ、韓国民は大喜びするだろうから。（韓国側が）「ぜひ置いてほしい」と言やあ、金を払わなきゃいかんじゃないか。

韓国《かんこく》の若者が文氏を支持した理由とは

酒井　では、中国との関係は、どうなさるつもりなんですか。

文在寅守護霊　何？　何？　何だ？

酒井　中国との関係は？

文在寅守護霊　ポンポン来るなあ。そんな簡単じゃないでしょう、言うほうは。

●トランプ大統領が……　アメリカのトランプ大統領は、2017年4月27日配信のロイター通信のインタビューで、「ＴＨＡＡＤ配備の費用、10億ドルを、韓国が支払うべき」という考えを示した。

酒井　いえいえ、簡単だと思いますが。

文在寅守護霊　ええ？

酒井　あなたの主張なんですから、「それに対してどうなるか」というのは、すでに計算済みではないのですか。

文在寅守護霊　中国はねえ、大国だから、何を考えてるか分かんないんだよ。分かんない。

酒井　分からない？　中国とは仲を良くしていきたいのか、どうなのか。

文在寅守護霊　いや、分からないよ。それは、いいに越《こ》したことはないでしょうけどね。

「これから、アメリカと日本と中国と意見交換《こうかん》して、どのくらい考えに温度差があるか見て、現実に合わせて行動する」ね。うん。

酒井　今、北朝鮮の金正恩に対して、中国も含《ふく》めて圧力をかけていますが、では、北朝鮮との対話路線を本当にやれるかどうかは、確信はなかったということですか。

文在寅守護霊　いやあ、対話で解決するとは思ってはいないけどねえ。ただね、すぐ戦争はしたくない人は、いっぱいいるのよ。日本と一緒よ。ねえ?「北と戦争する」と言やあ、すぐ始まるからさ。「戦争したくない」っていうのは、若者も含めて……、まあ、死ぬのは若者だからさ。若者が私を支持したのは、「すぐに戦争はしたくない」ということだよ。「アメリカの言うまま乗ったら、すぐ戦争になる。死ぬのはわれわれであるからして、その前に、もうちょっと様子を探《さぐ》って、どうにかならないのか」というところだなあ。

酒井　金正恩は、どのように動くと想定されますか。戦争は、実際に起こると想定されていますか。

文在寅守護霊　（金正恩は）穴《あな》グマは穴《あな》グマなんじゃないの？

酒井　戦争は起こらない？

文在寅守護霊　だから、穴のなかに入ってるけど、穴のなかを無理やり火炎《かえん》放射器で撃《う》ち込《こ》んだら、そらあ、何かするだろうよ。

酒井　あなたの考えとしては、「これ以上、圧力をかけないほうがいいのではないか」という感じでしょうかね。

文在寅守護霊　うん……。まあ、そのへんも、ちょっと、「読み」だなあ。だから、アメリカが、どの程度強硬なのか、本気なのか、訊《き》いてみないといかんしさ。日本も「追随型《ついずい》」だろう? 中国がほんとに制裁する気なのかどうかも、訊いてみなきゃいかんしさあ。分からんじゃん。ロシアの動きもよく分からないからさあ。

酒井　霊界《れいかい》では、金正恩さんとのつながりなどはないのですか。

文在寅守護霊　「つながり」って、どういうことよ。

酒井　コミュニケーションが取れるという……。

文在寅守護霊　取れるわけないでしょ。

酒井　あなたは、守護霊さんですから。

文在寅守護霊　三十八度線で引いとんだからなあ。
酒井　では、霊界では、交流はないのですね？
文在寅守護霊　そらあ、ないよ。
酒井　はあ。

●三十八度線　朝鮮半島における軍事境界線であり、朝鮮戦争の休戦ライン。韓国と北朝鮮の事実上の境界線となっており、このラインの周囲には非武装中立地帯が設けられている。

3　保守の強い韓国《かんこく》政界で文氏が人気を得た理由

大統領選に勝てたいちばんの理由とは

大川裕太　外交の話が出てきたのですが、まず、今回の大統領選について振《ふ》り返ってみたいと思います。

文在寅守護霊　うん。

大川裕太　文在寅さんが大統領になられたことで、九年ぶりの革新政権が誕生しました。

文在寅守護霊　うん。

大川裕太　（文大統領は）「共に民主党」という左翼《さよく》系の政党から出てきましたが、この党は、最近、あまり調子がよくなかったのです。

前回の議会選挙では、伝統的に左翼の地盤《じばん》と言われていた、光州《こうしゅう》事件のあった光州や全羅北道《ぜんらほくどう》・南道《なんどう》といったところで、安哲秀《アンチョルス》さんの「国民の党」にだいぶ票を奪《うば》われていて、「共に民主党は、大きく衰退《すいたい》していくのではないか」というぐらいの調子の悪さがありました。

しかし、今回、文候補が出てきてから、急に、大統領選で一気に大差をつけて勝ってしまったのです。

そういう、意外な人気があって、私は、「文候補に、何か韓国《かんこく》史における偉大《いだい》なパワーが乗ってきていたのではないか」というぐらいの感じがいたしました。

このあたりについて、ご自身では、どう思っていらっしゃいますか。

文在寅守護霊　なんか、君、ゴマをするのがうまそうだなあ。

大川裕太　（苦笑）

文在寅守護霊　さっきの人よりは、少し機嫌《きげん》がよくなるようなものの言い方をしてるなあ。まあ、年齢《ねんれい》もあるんかもしらんがなあ。ちょっと、尊敬でもしてくれてるような……。若者が好きなんだ。若者は、熱狂的《ねっきょう》に応援《おうえん》してくれるからなあ。

大川裕太　そうですね。たいへん熱狂的な支持がついて回っていました。

文在寅守護霊　まあ、「ルックス」だろうねえ、一番にはね。

大川裕太　「ルックス」ですか。なるほど。

文在寅守護霊　モテたんだよ。女性と若者にモテたのさ。それはあったよな。

朴槿恵氏と正反対のことを言えば票が集まる

文在寅守護霊　それから、まあ、あんたがたは知らんだろうけど、内部的に、韓国のなかで朴槿恵《パククネ》……。

韓国の人は、嫌《きら》いになったら、ほんと、とことん骨の髄《ずい》まで嫌いになるからねえ。だから、朴槿恵を「殺したい」ぐらいの気分を、みんな抑《おさ》えてるとこだからさあ。槿恵さんと「反対のこと」を言えば言うほど人気が出るからねえ。極端《きょくたん》なほど票が集まる。まあ、そんな国民だから。

大川裕太　うーん。

文在寅守護霊　日本も、そういうところがあるかもしらんけどね、ちょっとね。日本も極端に動くことはあるけどね。

まあ、私は、選挙で「どうしたら勝てるか」ということはよく分かっていたんで。

韓国の保守のほうは、もう力を失っていて……。要するに、保守のほうで、朴さんの考え方から全部外れた言い方をするのは、かなり難しいからね。正反対のことを言っとけば、票が集まるのは見えとったからなあ。それは、運がよかったわなあ。

大川裕太　韓国の政治は、日本とも同じで、伝統的には保守勢力が強いと言われています。金大中《キムデジュン》さんが（一九九八年に）大統領になったのも、非常にまれなことでした。あのとき初めて韓国で左翼政権ができたのですが、当時は、第三勢力の金鍾泌《キムジョンピル》という方の政党の支持を何とか取りつけて、野党勢力で連合を組んで、左翼政権をうまくつくったというぐらいで、「やっとのこと」という感じでした。

文在寅さんの勝利も、たいへん歴史的というか、非常に珍《めずら》しいことだなと思っております。

文在寅守護霊　これから、じわじわと、外国と接触《せっしょく》することによって、いろんな意見を聞いて、現実路線もちょっと入れて、まあ、保守派も取り込《こ》まないかんのでねえ。

左派だけの大統領じゃないからさ。全部、取り込んでいくから。支持率八十パーぐらいを目指してやりたいなあとは思うとるがなあ。

大川裕太　では、政策として、中道《ちゅうどう》に寄っていくということですか。

文在寅守護霊　ううん、全部。

大川裕太　全部？

文在寅守護霊　うん。〝いいとこ取り〟。全部しようと思ってはいる。

大川裕太　ほう。

4　選挙戦で強調した「経済政策」の中身を訊《き》く

「韓国《かんこく》が北をやる気のないところを見せれば、日本は困るよなあ」

大川裕太　大統領選では、特に、経済のところを強調されていらっしゃいました。韓国《かんこく》は、今、非常に景気が悪いわけですけれども、その理由の一つには、中国による観光客の引き揚げがあります。これは、韓国がＴＨＡＤ《サード》配備を決定したことによる報復措置《そち》です。

ほかにも、全般《ぜんぱん》的には、世界経済の悪影響《あくえいきょう》を受けていると言われていて、文在寅候補が最も攻撃《こうげき》していたのは、朴槿惠《パククネ》政権の経済のところだったかと思います。

文在寅守護霊　うーん……。

大川裕太　韓国の「経済の見通し」について、どうお考えですか。

文在寅守護霊　うーん。ほんとは、経済はあんまりよく分かんないんだわ。

大川裕太　ほう。

文在寅守護霊　あんまりよく分かんないんだけど。もとは人権派弁護士で、反朴運動をずっと若いころからやっとるだけなので。

君らのところだって、左翼《さよく》はほんとは経済が分かってないでしょ、日本だって……。

大川裕太　まあ、そうですね。

文在寅守護霊　だから、分かんないんだけどさ。「日本を脅《おど》して、ちょっと金でも巻き上げたろうか」と思ってるぐらいでさ。

大川裕太　朴槿惠前大統領が攻撃されたポイントの一つが、財閥《ざいばつ》のサムスングループからの賄賂《わいろ》でした。そして、韓国の人たちは、今回の騒動《そうどう》で、サムスングループのトップの首をはねてしまったわけです。

文在寅守護霊　うん、うん、うん。

大川裕太　サムスンというのは、韓国で一番の企業体《きぎょうたい》ですが、これを今まで執拗《しつよう》に攻撃してきたのは、左翼グループと北朝鮮《きたちょうせん》の工作員たちです。保守派の人たちは、「文在寅さんが大統領になられた流れのなかに、韓国の経済的な繁栄《はんえい》を否定する人たちの考え方があったのではないか」と見ているわけです。

文在寅守護霊　それはさあ、北朝鮮と対話したら、「金」と「食糧《しょくりょう》」を引きずり出されるのはもう間違《まちが》いないから、普通《ふつう》は、経済的には損になる可能性は高いけどさ。

韓国がやる気がないところを見せれば、日本は困るよなあ。そりゃあ、韓国に戦ってほしいだろ。日本人だけでは、自衛隊で戦えんもんなあ。

大川裕太　はい。

文在寅守護霊　「米韓が必死で戦うっていうなら、後ろから応援《おうえん》しようか」ぐらいが日本の姿勢だろ？　だいたい。

韓国がやる気のないところを見せたらさ、困るでしょ？

大川裕太　そうですね。

文在寅守護霊　しっかり戦ってもらわないと。死んでもらいたいのは「韓国人」だろ？　「日本人」は一人も死んでほしくないんだろう？　韓国で戦ってもらいたい、戦場は韓国にしてほしい、三十八度線を挟《はさ》んで「戦場」にしてほしいのは、日本だろ？

大川裕太　うーん。

文在寅守護霊　だから、わしが〝やる気のないところ〟を見せとるわけだから、これを働かそうと思ったら……。まあ、日韓の貿易不均衡《ふきんこう》で、そうとう貿易赤字が出とるからさあ。この分、安倍《あべ》さんは戻《もど》さなきゃいかんわなあ。黒字を韓国に還流《かんりゅう》せにゃいかん。

大川裕太　なるほど。

文在寅守護霊　その手を……、まあ、彼は〝じゃぶじゃぶ男〟だから、ちょっとは還流してくれるだろうよ。

「従軍慰安婦像を一個撤去《てっきょ》するのに一千億はもらわないと」

大川裕太　確かに、歴史的に、韓国《かんこく》の経済は、日本からの支援や投資によって発展してきていますからね。

文在寅守護霊　うん。だから、「従軍慰安婦像《じゅうぐんいあんふ》」も頑張《がんば》ってるんだよ。あれ（慰安婦像）を一個撤去《てっきょ》するのに、一千億ぐらいはもらわないといかんでなあ。

大川裕太　「お金で買える」ということですね。

文在寅守護霊　まあ、そういうこったよ。そらあ、北朝鮮もそうだろうけどさ。「核《かく》開発をやめてほしけりゃ、核一個について一千億ずつぐらい補償金《ほしょうきん》をもらいたい」というぐらいだろうなあ。

酒井　文大統領は、弁護士出身ということなので、日韓合意についても……。

文在寅守護霊　いや、私、やってないもん。私は、日韓合意、やってないもん。

酒井　「それをまた引っ繰《く》り返す」といっても、そもそもの話は、「日韓請求権協定《せいきゅう》」ですべて解決済みなんですよ。

文在寅守護霊　いや、私、やってないもん。私、交渉《こうしょう》してないもん。

酒井　いや、いや、いや。この話は、そもそもすでに話が終わっているものに対して、日本政府がバカな判断をして、「お金を出してなだめて」という。これをまた蒸《む》し返しているだけなんですけれども。

文在寅守護霊　揺《ゆ》すったらお金が取れるんなら、いくらでも揺すったらいいじゃない。

●日韓請求権協定　1965年、日本と韓国の間で結ばれた協定。日本が韓国に無償3億ドル、有償2億ドルの経済支援を行うことで、両国及び国民の間での請求権を完全かつ最終的に解決したとする。日韓国交正常化に伴って締結された。

酒井　ただ、国際法の観点から行けば、この話は「すでに終わっている」んですよ。

文在寅守護霊　そんな、韓国に国際法なんか通じるわけないでしょう。

酒井　通じないんですか？

文在寅守護霊　通じるわけないでしょう。バカじゃない？

酒井　（苦笑）

文在寅守護霊　自分たちの利益しか考えてないんだから、われわれは。

酒井　そうですか。今、いろいろなお話を聞いていますと、結局、全部にいい顔をするようですが、矛盾《むじゅん》はしないのでしょうか。

文在寅守護霊　いや、私たちは、不幸な国民なんですよ。

酒井　いやいや、そういう感情の話じゃなくて。

文在寅守護霊　不幸の原因は、全部、「日帝《にってい》支配」なんですよ。

酒井　いやいや、それはいいんですけど。

文在寅守護霊　だから、支配した分の賠償《ばいしょう》額って、全然足りてないのよ、こんなもんではねえ。

酒井　ただ、あなたは、韓国の「経済」に関しても、「軍事」に関しても、「外交」に関しても、すべてに対してうまくいくような話をしていますよね。

文在寅守護霊　夢を与《あた》えてるなあ。

酒井　夢を与える？

文在寅守護霊　うん。

酒井　あなたの約束したことは、本当に現実化できるんですか。

文在寅守護霊　そらあ、「韓国のリンカン大統領」になるわけよ。リンカンは（アメリカの）北部から南部を分離《ぶんり》させないで、統一したけど、私は南部から北を統一する。

大川裕太　なるほど、そういうことですね。

文在寅守護霊　うーん、だから、「韓国の新リンカン」になるわけよ。

文在寅氏守護霊が明かす〝弁護士の経済学〟

大川裕太　韓国の経済が発展した契機《けいき》は、文大統領のお嫌《きら》いだった朴正熙《パクチョンヒ》大統領が日本を揺すって、大平正芳《おおひらまさよし》外相から、有償二億ドル、無償三億ドル、それに民間借款《しゃっかん》三億ドル以上もの巨額《きょがく》の経済援助を引き出したことです。これによって「日韓請求権協定を妥結《だけつ》する」ということにして、その数億ドルものお金をインフラ整備に使って韓国の経済を発展させたわけです。

ただ、今は、日本よりも中国のほうが豊かになってきて、例えば鉄鋼の生産量がダブついていると言われています。これからは中国からお金を取ってきて、韓国の国民に分配するという考え方はないのでしょうか。

文在寅守護霊　どっからでも、取れるもんは取りますよ。もらうものはもらいますよ。

大川裕太　おお。

文在寅守護霊　日本は、自分がやった間違いはね、まあ、植民地支配、侵略《しんりゃく》の罪の賠償額はまだ終わってないんだし。それから、中国には円《えん》借款だか何だか知らんけど、十兆円かもっとか知らんが、ずいぶんしたよね。結果、中国の軍部を増大させたし、中国の国家社会主義経済を発展させたのは、日本だよ。日本がやったんだ。

韓国もそうだよ。「漢江《かんこう》の奇跡《きせき》」っていってねえ、奇跡のような成長をしたけど、あれは日本資本もだいぶ入ってやってくれたしさ。日本企業も、中国や韓国でいっぱい雇用《こよう》は生んでくれたこともあるしなあ。まあ、逆に韓国に負けて、潰《つぶ》れかかっとる日本企業もあるしなあ。そういうのもあるから厳しいとこだけども。

うーん、日本は結局、政府がやらなくても、戦後、財界のほうで〝贖罪《しょくざい》〟をずーっとやっとるんだよ。

●漢江の奇跡　韓国における1960年代以降の高度経済成長のこと。朴正熙大統領が牽引した。

大川裕太　例えば、朴槿惠大統領は、強烈《きょうれつ》な反日をPRしていらっしゃいました。就任直後の演説では、有名な、「加害者と被害者《ひがいしゃ》の関係は一千年たっても変わらない。一千年たっても、われわれは日本を恨《うら》み続ける」というようなことをおっしゃっています。

文在寅守護霊　われわれは、もう、朴槿惠を〝一万年〟ぐらい地獄《じごく》に堕《お》としたい。

大川裕太　（笑）
文大統領だったら、日本との関係をどういうふうにおっしゃいますか。

文在寅守護霊　何？　日本との関係？
いやあ、私のほうが頭がいいからさ、ちゃんと知日派を、今、しかるべきところに配剤《はいざい》して、日本のご機嫌《きげん》も上手に取りながらやる気でいますけどね。
まあ、金を多く引き出したほうが「勝ち」だよ、結局は。

酒井　経済を発展させようという気持ちはないんですか。支援してもらうばかりのようですが。

文在寅守護霊　どういうこと？　そんなもん、分かるわけないでしょう。

酒井　分からない？

文在寅守護霊　とにかく、弁護士というのは、交渉して相手から取るのが仕事だからさ。相手の悪を糺《ただ》して、「悪かった」と謝罪させたら金が出てくる。これが、〝弁護士の経済学〟だから。

武田　もし取れなかったら、どうするんですか。

文在寅守護霊　取れなかったら？

武田　はい。

文在寅守護霊　まあ、取れなかったら、いつまでもまとわりつくしかないわなあ。

武田　まとわりつくしかない、と。それが政策ですね？

文在寅守護霊　うん。嫌《いや》がることをする。嫌がることをするしかない。

酒井　あなたは、経済を勉強しているんですか。資本主義経済でも社会主義経済でもいいですけど。

文在寅守護霊　いやあ、それは、韓国は資本主義経済なんじゃないの？　だから、そこで生きてる以上、それはちょっとは分かるよ。

「人気も経済も両方ついてくる」秘訣《ひけつ》とは

大川裕太　今回の大統領選で訴《うった》えてきた、格差の拡大を抑えて……。

文在寅守護霊　ああ、それはいいことだ。それはいいことだ。

大川裕太　とりわけ、韓国の場合、例えば、大学への裏口入学のような、政権と癒着《ゆちゃく》した人たちの賄賂《わいろ》、コネといったものが、しばしばまかり通っているわけで、今回は、こういうものに対して、庶民《しょみん》の怒《いか》りが爆発《ばくはつ》したと言われています。この問題には、どういうふうな対応を取っていかれるのでしょうか。

文在寅守護霊　いや、君らもねえ、何か政治をやってるっていう話だけど。勝ちたかったらね、「格差是正《ぜせい》」、「みんなが平等に」みたいな。そうしたら票の数が増えるんだよ、頭数が。それを、もっと言うたほうがいいよ。

君らねえ、「自助努力して強い者《もん》だけ儲《もう》かるようにしよう」なんて、そんなことを言って勝てるわけない。金持ちをぶっ潰して、財閥をぶっ潰して、そして、金をみんなにばら撒《ま》こうって言えばね、これで票がいっぱいパーッと入る。もう分かってんだよ、政治では。

酒井　財閥を潰していいんですか。

文在寅守護霊　いや、潰してもいいんじゃないの？　まあ、「潰す」というか、利益をいっぱい食《は》んでるところは、もうちょっと脅してなあ。

酒井　ただ、韓国の経済というのは、ほとんど財閥によって築き上げられていますよね。

文在寅守護霊　いやあ、それは民主主義的でないわなあ。財閥は、君主制にくっついてるような感じのあり方だから。民主主義的に言うたら、いろんな企業が起きてこなきゃいけないわけだから。

「チャンスの平等」っていうかなあ、経済活動に参画するのに、すでに巨大な横綱《よこづな》がいっぱい並んでて入れないみたいなんじゃあ、困るだろうからさあ。

酒井　では、サムスンが本当に衰退《すいたい》して、普通の企業になってしまってもいいと思われているんですか。

文在寅守護霊　いやあ、サムスンが普通の企業にならなくてもいいけども、サムスンでなくてもできるようにすりゃあ、大きくなるんじゃないか？

だから、もうちょっと平等化要求を広げてやる。「サムスンに入《はい》れなきゃエリートではない」みたいな考え方は改めて、「ほかにも成功のチャンスがあるんだよ」というふうにしてやりゃあ、「人気」も「経済」も両方ついてくるわなあ。

武田　それを、どうやって実現しようと思われているんですか。

文在寅守護霊　そんなの分かるかよ。

武田　分からないんですね。

文在寅守護霊　それは、これから各国のいろんな人とすり合わせしながら、弁護士的に揺さぶりをかけて、考えるよ。

武田　「できないことを公約していた」ということですね？

文在寅守護霊　「できない」わけじゃないよ。「やってみなきゃ分からん」わけだから。

5　文新大統領守護霊が語る「朝鮮《ちょうせん》半島統一への道」

「夢の南北統一」の費用はどこが負担するのか

大川裕太　ご自身の強烈《きょうれつ》なポリシーは、何かございますか。「これだけは実現したい」というようなものが。

文在寅守護霊　いやあ、それはねえ、「夢の統一」ですよ、南北のね。

大川裕太　なるほど。

文在寅守護霊　うん。「朝鮮《ちょうせん》半島の夢の統一」を成し遂《と》げる。統一を成し遂げて、歴史に名前を遺《のこ》す。

酒井　ただ、北まで統一してしまったとして、それを賄《まかな》うお金は、「よそから引いてくる」と言っていましたけど、経済発展については……。

文在寅守護霊　それは、中国、日本、アメリカが出して、あとヨーロッパが出さなきゃいかんだろうねえ。

酒井　ただ、最終的には、朝鮮半島自体で、自給自足というか、自分たちの生産力で賄っていかないといけないはずなんですよ。

文在寅守護霊　いけるわけないじゃん。そんなの、できないよ。だから、北のほうの核《かく》開発をやめることで、ほかの戦争しないで済んだ国たちからお金を出してもらうことだよなあ。うん、それで埋《う》め合わせて、南北統一の費用を出させるっていう。「基本戦略」はそこだよ。

酒井　〝核を売る〟みたいなかたちですね？

文在寅守護霊　核とミサイル。

南北統一することによって平和が訪《おとず》れる。平和の代償《だいしょう》として、脅威《きょうい》に怯《おび》えていた他の国から、ちゃんと経済協力を引き出す。まあ、そういうことだな。

酒井　統一したあとは、どういう国になるんですか。

文在寅守護霊　何が？

酒井　核は放棄《ほうき》しないわけですか。

文在寅守護霊　いやあ、「とりあえず、放棄するように対話をして、経済協力と〝引き換《か》え〟で話し合いをする」ということだよ。

北にも産業を興《おこ》すように、南のほうの企業《きぎょう》が出れるようにしてやれば、豊かになるでしょうから。そういう、経済とのバーター（交換《こうかん》条件）で、「核開発やミサイル開発を進めていって、ヤマアラシみたいになってるやつの針を引っ込《こ》めさせよう」としてるわけだ。

だから、もう一回、「北風と太陽」の「太陽」に戻《もど》そうとしてるわけだけどね。

酒井　まあ、統一するにしても、金正恩《キムジョンウン》なんかは、核も持って、より強力な国をつくろうとしてますけど……。

文在寅守護霊　向こうから、主体性を持って統一されたら、そういうかたちになるわね。南のほうから、経済力を餌《えさ》にして統一をかけたら、そうにはならないわねえ。

だから、「南が北を支配するか」、「北が南を支配するか」の戦いだからね。

酒井　それは、どちらがいいと思ってるんですか。

文在寅守護霊　だから、私がやろうとしてるんじゃない。

酒井　やっぱり、北に支配されるのはよくないと思っているわけですよね。

文在寅守護霊　だからさあ、経済的に行き詰《づ》まってきているだろうから、南のほうに期待してくるように仕向けてるんじゃないか。それに対して支持者がすごく多くなってるわけ、韓国《かんこく》でな。

経済で、餌で釣《つ》って、そして北のほうが、もうちょっと食っていけるようにしたいっていう人が増えて。まあ、二千万ちょっとしか、国民もいないからね。

韓国だけでは、ちょっと支え切れないけれども、アメリカ、中国、日本、それからヨーロッパの一部から、協力をもうちょっと取り付けられたら、それは何とかなる。

「安倍《あべ》さんは命乞《いのちご》いのために十兆円は出すよ」

大川裕太　ただ、文大統領のお師匠《ししょう》さんに当たる、盧武鉉《ノムヒョン》大統領を含めて、歴代政権においても同じようなことをやってきたではないですか。

まず、盧武鉉大統領の前の、金大中《キムデジュン》さんが、北朝鮮を訪問して、二〇〇〇年六月に初めて南北首脳会談という、歴史的なものをされました。まあ、金正日《キムジョンイル》と初めて南北の首脳会談をやったというだけなんですけれども。さらに、「平和繁栄《はんえい》政策」を掲《かか》げた盧武鉉さんのときも、二〇〇七年、北朝鮮を訪問しました。

その後、李明博《イミョンバク》政権においては、韓国は、「非核・開放・３０００」という、「北朝鮮の改革開放の支援《しえん》をする見返りに、北朝鮮は核兵器を放棄する」という構想を掲げたわけです。

ところが、結局、北朝鮮が怒《おこ》りまくって、「そんなものは受け入れない。核兵器の問題は、韓国との問題ではない。これはアメリカとの問題だ。韓国は、それに口を出すな。ただ金だけ出せばいいんだ」というようなロジックで突《つ》き返されました。見事に失敗してしまったわけなんですね。

文在寅守護霊　うん。

大川裕太　文在寅大統領は、それらと同じ轍《てつ》を踏《ふ》んではいけないと思うんですけれども、はたして、北朝鮮をどうやったら軟化《なんか》させることができるのか、安全保障上の取引はどうするのか……。

文在寅守護霊　それは、でも、日本がいい〝スケープゴート〟だわな。憲法九条の改正ができないで、野党にいじめられて、「平和主義で、戦後のままでいい」って言ってんだろう？　だから、北が強くなればなるほど、日本はだんだん「囲いのなかの羊《ひつじ》」みたいになっていくからさ。「殺されるぐらいだったら毛を〝丸刈《まるが》り〟にされてもしかたがない」と思うようになるわなあ。

やっぱり、「韓国経由で北に協力してやる」という手もあるわな。だって、北と、今、仲が悪いからな。わしが道を開いてやれば、わしのほうに援助すれば、わしから北のほうに金が流れていくわな。

大川裕太　日本から、韓国を通して北に流れていくと?

文在寅守護霊　うん、そう、そう、そう。そういう手があるでしょ? 日本は〝羊の群れ〟だからね。憲法九条も変えられないし、戦えないでしょ? 国際紛争《ふんそう》を解決するために戦うことができないんだから、どうしようもないじゃないか。

大川裕太　うーん。

文在寅守護霊　いやあ、韓国の兵士は、死ぬかもしれない危険を冒《おか》してやってるわけだからさ。日本は、安全を確保したければ、いつものことだから、お金を出すしかないでしょうね。

大川裕太　確かに、韓国には、「北朝鮮が韓国に攻め入《せ》るなんてことはありえない。まず、日本を攻めるだろう。むしろ（南北で）連帯して、われわれは日本を攻めるべきだ」というような意見が、若者の間でも、けっこう強いとは言われてます。

文在寅守護霊　だって、「日本相手だけにミサイルと核兵器を使って、アメリカと韓国には使わない」と、もし北が言ったら、安倍《あべ》さんは、命乞《いのちご》いのために幾《いく》らまで金を出すと思う？　十兆円は出すよ。

大川裕太　そうですね。

文在寅守護霊　「日本に撃《う》たない」という約束をするためにね。あの人はフットワークがいいからさ。世界のどこでも飛んでいって、やってくれるから。

大川裕太　うーん。

文在寅守護霊　まあ、金正恩は出てこないかもしれないけど、その下ぐらいとだったら会えるかもしれない。ただ、「日本に撃たない」という約束しても、こんな空《から》約束、すぐ破る気満々だから。約束だけはいくらでもするから。十兆円ぐらい取れるでしょ。そうしたら解決するし。あるいは、現物でないと信用できなければ、やっぱり食糧《しょくりょう》とか油とか、その他、いろいろあるわなあ。

大川裕太　つまり、「日本をダシにして、北朝鮮と韓国が連携《れんけい》を組む」という。

文在寅守護霊　それについては、南北共に提携できるから。「日本をいじめて、締《し》め上げて、吸い上げる」っていうんだったら、南北は利害が一致《いっち》する。

大川裕太　では、「文在寅大統領は、反日をさらに強烈にして、その点において北朝鮮と連携をしていく」と。

文在寅守護霊　それには現実的な交渉力《こうしょうりょく》が必要だから。私自身がやらなくとも、北が強硬《きょうこう》になって、「まあ、まあ、まあ」となだめたら、なだめた行司《ぎょうじ》さんに対して、そのレフェリーに対して、〝袖《そで》の下〟がいるだろう？

大川裕太　ああ、なるほど。

文在寅守護霊　日本は、韓国政府を支持しなきゃいけない。「まあ、まあ、まあ、まあ。そう怒らずに。私が、太陽政策で、あなたがたを豊かにするから、そんなに、日本に過激に言わないように」と言ったら、出るでしょ？　当然、出すでしょ？

「北に援助する」って言ったら抵抗《ていこう》あるけど、「韓国に貿易黒字をつくってる分ぐらい、何らかのかたちでリファンドする」っていうんなら、日銀総裁だって、〝ほいほい〟よ。今、金の使い道なくて困っとるんだからさあ。
「韓国《かんこく》型の政治体制で南北統一をしたい」

酒井　その考え方のなかに誤りがあると思うのですが、北の問題は、日本よりも南のほうが大きいはずなんですよ。

文在寅守護霊　何それ？　どういうこと？

酒井　北の脅威っていうのは、南の問題なんです。

文在寅守護霊　脅威なんかないよ。同民族なんだから。

酒井　そのまま融和《ゆうわ》路線でいくと、盧武鉉《ノムヒョン》大統領時代に、北朝鮮の核開発を止めなかったように、どんどんエスカレートしてきますよ。

文在寅守護霊　まあ、日本で言うと、南北朝で戦ってるようなもんなんで、別に、そんなの脅威でも何でもない。

酒井　核を使わなかったとしても、南にいつでも流れてこれますから。戦争は、まだ続いてますからね。継続《けいぞく》しているので。

文在寅守護霊　いつでも流れてはこないですよ。二キロも非武装地帯があって、有刺《ゆうし》鉄線で囲われてるんだから、自由ではない。

酒井　ただ、通常ミサイルぐらいは撃てますよね。

文在寅守護霊　うん。

●非武装地帯　停戦状態にある国々の停戦ラインの周辺に設けられる地域のことで、ここでの軍事活動は許されない（非武装中立地帯）。朝鮮半島における軍事境界線の周辺には、南北にそれぞれ幅2キロメートルずつ、合わせて幅4キロメートルぐらいの非武装中立地帯が設けられている。

酒井　要するに、それを防ぐために、日本からお金を出して、それで融和しようとしているわけですよね。

文在寅守護霊　いや、「日本を打倒《だとう》するためだったら団結できる」のよ、南北はね。

武田　今、夢の統一のお話をされていると思うんですけれど、現実には、金正恩さんと共に進めていかなきゃいけないわけですよね。金正恩さんについては、どういうふうに見ておられるんですか。話の通じる方だと思われてるんですか。

文在寅守護霊　まあ、私みたいな老練《ろうれん》な政治家にかかったら、〝手玉に取る〟ように扱《あつか》えるんじゃないかなあ。

武田　そうなんですか。

文在寅守護霊　うん。かわいいもんだよ。

武田　核で、世界中の国を挑発《ちょうはつ》して、国内においては、人権も無視してやってますよね。

文在寅守護霊　まあ、無視してるつもりはないでしょうね。

武田　本当に独裁国家なんですけれど、そういう方と対等に話し合いができるんでしょうか。

文在寅守護霊　だから、「条件が整《ととの》えば」と、早くも条件を付け始めたじゃないの。これで、わしがどれほど賢《かしこ》いか分かるだろう。

武田　その条件というのは、あなたは、どういうものだとお考えなんですか。

文在寅守護霊　だから、無駄《むだ》なことはしないからね。そういうムードが……、北のほうも韓国《かんこく》の大統領を歓迎《かんげい》するっていうか、「新体制は歓迎する」っていう感じが出てこなきゃ、いかんだろうねえ。

武田　南北統一された暁《あかつき》には、そのトップは、金正恩さんですか？

文在寅守護霊　うーん……。そういうつもりはないけどねえ。韓国型の政治体制で南北統一をしたいので。投票制でやらないといけない。

武田　それは、かなり力が要《い》るのではないかと思うんですけど、どうやって実現されるおつもりですか。

文在寅守護霊　〝牙《きば》を抜《ぬ》いて〟しまえば、それは、そんなに難しくはないでしょ。

武田　「牙」というのは、何でしょうか。

文在寅守護霊　「核」と「弾道《だんどう》ミサイル」等かなあ。

武田　「抜く」といっても、あちらが持っているんですけれども、どう抜くんですか。

文在寅守護霊　だから、彼らも、この先、ジリ貧だということを悟《さと》れば、どっかに逃《に》げ道が欲《ほ》しいだろうから。逃げ道を開けたところに、なだれこんでくるに決まってるじゃない。

韓国以外、助けてくれるところがないと思えば、韓国の言うことを呑《の》むしかないでしょ。

武田　「韓国軍が奇襲《きしゅう》して施設《しせつ》を抑《おさ》える」っていうことですか。

文在寅守護霊　そんなことしませんよ。だから、工業団地等も再開して、経済交流をして、要するに、資本主義化を進めていくわけですよ。市場開放を進めていくわけ。彼らに、「働くことによって金が儲《もう》かる国家」っていうのがありえることを教えてやることですよ。

武田　ただ、それで核を韓国に渡《わた》すとは思えないんですけれども。逆に、脅《おど》されるだけなんじゃないんですか。

文在寅守護霊　まあ、それは一定はやられるでしょうよね。

大川裕太　「開城《ケソン》工業団地の再開」という話もありましたが、まず、アメリカが中国に大変な圧力をかけて、中国が最後まで握《にぎ》っていた、北朝鮮への消費財やエネルギーの支援を止めさせようとしていたわけです。ここで、文在寅大統領が、韓国からの支援を再開してしまうと、米中の面子《メンツ》を潰《つぶ》してしまうというか、そういう〝効果〟もあると思うのです。これについては、どうお考えでしょうか。

文在寅守護霊　それは、アメリカと、これから話をしますよ。まあ、日本はどうでもいいから後回しだけど。

まずはワシントンを……、トランプさんがどの程度本気か、脅しだけでやってるのか、本気なのか、聞かなきゃいかんし。アメリカが主体的に、「自分がやりたい」っていうんなら、戦争の代金はアメリカ持ちだわね？　だけど、「韓国がやりたいので、アメリカに助けてくれ」っていうんなら、韓国にだいぶ持たされるよね。このへん、〝駆《か》け引き〟あるから。

大川裕太　ですが、トランプ大統領にとっては、文在寅氏の大統領当選は非常に苦々《にがにが》しいものといいますか、文氏の当選によって、北朝鮮問題における「アメリカの正義」ということを、やや示しにくくなってきたところがあると思うんですね。

「北朝鮮《きたちょうせん》は核《かく》ミサイルを韓国《かんこく》には撃《う》たないはず」

大川裕太　それは日本においても同じようなところがあります。最近、日本のマスコミは、「韓国《かんこく》の人はミサイルなど怖《こわ》がっていない。ミサイルを怖がって報道しているのは日本ぐらいだ。これは日本がボケているのであって、情勢はそれほど緊迫《きんぱく》していないのだ」というようなことを繰《く》り返し報道するようになってきています。

文在寅守護霊　うーん、まあ、核《かく》ミサイルを撃《う》つとしたら、それは、「日本に対して撃つ」とは思ってるよ。

大川裕太　うーん。

文在寅守護霊　韓国には撃たないと思ってるよ。だって、北朝鮮《きたちょうせん》は韓国を併合《へいごう》したいんだろうけど、韓国がもう廃墟《はいきょ》になってたら、併合したって、手に入れるもの、何もないじゃない。韓国の経済システムをそのまま丸ごともらいたいんだろうから、韓国に核は使わないよ。

だから、使うのは日本に対してだけですよ。

北朝鮮《きたちょうせん》からのゲリラ的な攻撃《こうげき》ぐらいなら別に構わない？

大川裕太　ただ、韓国経済を崩壊《ほうかい》させないまでも、その前に、例えば、大韓航空機爆《ばく》破《は》事件のようなことをやったりとか……。

文在寅守護霊　まあ、〝小さい〟のはあるだろうよ。

大川裕太　それは、構わないのですか。

文在寅守護霊　ううん？

大川裕太　韓国に対する小さな威嚇《いかく》というのは。

文在寅守護霊　それはやるでしょう。ゲリラみたいなことはいつもやってるから。

大川裕太　はい。それに対して、特に対抗はしないということでよろしいでしょうか。

文在寅守護霊　「対抗はしない」っていうあれでもないけど……。だって、日本人は百人以上拉致《らち》されて、国家の〝主席〟（金正日）が認めてても、何にもなしでしょう？

大川裕太　うーん。

文在寅守護霊　そんなもんですから。みんな演習と思って、ゲリラもみんな演習のうちだからさ、やるだろうよ。そらあ……、その程度のことはやるだろうよ。うーん。

ハイジャックレベルのことぐらいはね。

武田　そういう国だという認識をされているわけですね?

文在寅守護霊　うん、うん。

6　地政学から見た朝鮮《ちょうせん》半島の運命のこれまで、これから

韓国《かんこく》は、強制収容所送りをする北朝鮮と似たようなもの?

武田　例えば、今年の初めに、金正男《キムジョンナム》がマレーシアで暗殺されましたが、こういうことを起こすような国なんですよね。

文在寅守護霊　まあ、別に構わないじゃない。

武田　構わないですか。

文在寅守護霊　ああ、北朝鮮《きたちょうせん》の人同士で殺し合ってるんだから、別に知ったことじゃないわ。

武田　では、大統領は、「そういうことはよく理解できることだ」と……。

文在寅守護霊　そら、そうでしょう。だって、（金正男は）中国が傀儡《かいらい》で立てるかもしれないっていう人なんでしょう？　早めに〝消しとかなきゃいかん〟でしょうよ。

武田　北朝鮮では、金正恩《キムジョンウン》に批判的な人は強制収容所に送られてしまうようです。そういう体制の国であるわけですが。

文在寅守護霊　韓国《かんこく》だってそうですよ。

武田　韓国もそうなんですか。

文在寅守護霊　私も、だから、朴《パク》（槿恵《クネ》）のお父さん（正熙《チョンヒ》）のときに反対運動をしたら、投獄《とうごく》されましたから。韓国だって一緒《いっしょ》ですよ。

武田　そういう意味で、統一はそれほど遠い話ではないということですね？

文在寅守護霊　うーん、まあ、同民族で似たようなもんなんで。

武田　同質なんですか？

文在寅守護霊　同質です。

武田　ああ、なるほど。

文在寅守護霊　うん。だから、うちはアメリカに〝占領《せんりょう》〟されてるだけですから。

三十八度線は「中国対アメリカ」の手打ち

武田　それは、文大統領（守護霊）個人の見解なのでしょうか。北朝鮮にはご親族もいらっしゃるということなんですが。それとも、その同質というのは、韓国国民の一般《いっぱん》的な感情、あるいは考え方なんでしょうか。

文在寅守護霊　うん。結局、三十八度線っていうのは、「中国対アメリカ」なんですよ。

武田　うーん……。

文在寅守護霊　（朝鮮戦争で）中国が入ってこなければ、半島は韓国のほうで統一できていた。中国軍が入って、半ば《なか》で止まってるわけで、いったんは釜山《プサン》まで攻《せ》められとるけどねえ。

武田　うーん。

文在寅守護霊　まあ、だから、「中国対アメリカの手打ち」なんですよ、結局はね。だけど、対立はこのまま続くんだろうから、その過程では、それはなくならないのが普通《ふつう》ですわね。

だから、アメリカが中国に跪《ひざまず》かせるんなら、どういう代償《だいしょう》を払《はら》うのか、訊《き》かないといかんですからねえ。

大川裕太　朝鮮戦争以降、反米意識というものが韓国人の心に根深く残っていると思うんですね。

文在寅守護霊　うん。それはあるよ。だから、沖縄《おきなわ》みたいなものがね。

大川裕太　はい。そういうものを背負って、文大統領は立たれているという理解でよろしいのでしょうか。

文在寅守護霊　反米意識で立って……、まあ、反米で立ってるっていう気はないけど。

大川裕太　そうですか。

文在寅守護霊　特にそういう気はないんだけど。うん。「いいお客さんは、どこでもいいお客さん」と、みんなを見てますからねえ。金払ってくれるお客さんはいいお客さんですから。

北朝鮮《きたちょうせん》の「主体《しゅたい》思想」に理解を示す文在寅氏守護霊

大川裕太　結局、韓国の人は、終戦直前のころ、日本の支配が終わって日本の国旗が取り外されて韓国の国旗になるかと思いきや、独立が認められず、それがそのままアメリカの国旗にすり替《か》わったということが、非常に苦《にが》い思い出として残っていて、朝《ちょう》鮮《せん》戦争においても……。

文在寅守護霊　うん。いつも、そういうねえ、ロシア、中国、日本、それからアメリカ、いろんなところ、大国に蹂躙《じゅうりん》されてきた歴史だからね。なかなか自主的な独立ができないので、その意味で、北朝鮮の「主体《しゅたい》思想」っていうのも、まあ、理解できんわけでもない。

大川裕太　うーん。

文在寅守護霊　だから、自国で独立しようとしてるんだろ？　それが「先軍《せんぐん》思想」で、核《かく》兵器の開発やミサイルの開発をして、先進国と対等になろうとしてるんでしょ？　まあ、気概《きがい》は分からんこともないわなあ、うーん。
だから、わしらから見りゃあ、それは、金正恩が吉田松陰《よしだしょういん》みたいに見えるわけよ、ある意味で。

酒井　ということは、金正恩の動きに関しては、称《たた》えるお気持ちもあるということですね？

文在寅守護霊　それは、すごく、南にはありますよ。だから、その気概は認めてるっていうか。いやあ、「そういう気概でないと、諸外国の圧力を跳《は》ね返せないな」というのは分かるよ。

従軍慰安婦《じゅうぐんいあんふ》等の日本批判に潜《ひそ》む韓国《かんこく》側の意外な意図

酒井　しかし、今、文在寅大統領守護霊のおっしゃっていることには「気概がない」ですよね。「アメリカがどう考えているか分からないので」とか、「中国の考えは分からない」とか、話がコロコロ変わっています。

文在寅守護霊　いやあ、それは老獪《ろうかい》なだけであって……。

酒井　それは、太平洋戦争前からの「朝鮮半島の問題点」ですよね。要するに、どっちつかずで、日和見《ひよりみ》をしながら、結局、相手国にやられて、それでさらに恨《うら》みを抱《いだ》いて、というような。まあ、地政学的にはそういうところなんですけれども。

文在寅守護霊　うん。しょうがない……、しょうがないでしょ？　だから、先の太平洋戦争では、われわれは〝日本軍〟として戦ってたのに、戦後独立後は〝戦勝国のようなふり〟をしてるんだから。まあ、もともと、そういう生き方をしてるんだからさあ、「日本人じゃない」っていう、戦勝国みたいなふりしてね。「日本には侵略《しんりゃく》されていたんだ」ということをイメージづけるために、従軍慰安婦《じゅうぐんいあんふ》像とかやってるのは、要するに、アメリカやヨーロッパの人たちはよく分かんないのよ。この朝鮮半島と日本との関係なんかよく分かんないから。「われわれは蹂躙《じゅうりん》されて、レイプされたんだ」というふうに見せるために、従軍慰安婦（像）をつくれば、彼らもそれを理解するから。「ああ、別の国なんだ」と。

　そうでないと一緒にされて、「実は、朝鮮人は日本軍として戦っていて、アジアでもやったし、実際にはアメリカ軍とも戦ってたんだ」ということを知られるのは、あんまりいいことでないから、「違うように見せるため」にああいうのをＰＲしてるんだから。

朝鮮《ちょうせん》半島をめぐる周辺国との関係をどう考えるか

酒井　ただ、それも、結局、周りの大国の庇護《ひご》がないと生きていけないので、そうしているのだろうとは思いますけどね。
文在寅守護霊　いや、庇護がなくても生きてはいけるけど、大国がね、大きな軍隊を持ってるからさあ。それが攻め込《こ》んでくるとなったら、また一緒だから。
酒井　中国に対しても、やはり、庇護を求めるかたちで、「反日」ということで協同していますよね？

文在寅守護霊　中国、ロシア、アメリカともに、「みんなが手を出さない」っていうんならいいけど、「どこか一国ぐらい攻めてくる」っていうんだったら、いやあ、助からないわねえ、うーん。

酒井　今回の問題も、決して韓国《かんこく》だけで解決する問題ではなく、そこにはアメリカと中国の対立がありますし、ロシアも含《ふく》めた三《み》つ巴《どもえ》の対立もあります。これが朝鮮《ちょうせん》半島で起きるべくして起きているということは理解したほうがいいと思うんですよ。

文在寅守護霊　うん。いやあねえ、中国は今、トランプ大統領に〝協力するようなふり〟はしてるけど、それは本心じゃないからさ。

大川裕太　うーん。そうですね。

文在寅守護霊　本心で、そんな、北朝鮮を〝丸裸《まるはだか》〟にする気はないと思うけど。

酒井　「本当は使いたい」ぐらいの気持ちでしょうか。

文在寅守護霊　うん。そんな丸裸にしたら、「次、中国が狙《ねら》われる」の、分かってるから、やっぱり、軍備は持っていたいけど、コントロールしたいというところでは妥《だ》協《きょう》できるということでしょう？

酒井　はい。

文在寅守護霊　それだけのことだから、いちおう、私も非核化するための交渉《こうしょう》はしますけどね。

最後は、南北統一のときに、私が、例えば、上に立って、「文民《ぶんみん》統制」だなあ、「シビリアン・コントロール下で核も弾道《だんどう》ミサイルも扱《あつか》われて、民主主義国家と同じですよ」という条件下にそれがあるというんだったら、まあ、ありえるじゃないの。それはアメリカとかも文句《もんく》言えないじゃない？　だから、そういうふうに持っていくように交渉しようとは考えてるんだ。

文在寅政権の韓国《かんこく》は米中のどちら側につくつもりか

酒井　ただ、そのなかであなたは、はたして、アメリカと中国のどちら側につくのでしょうか。それも交渉次第《しだい》ですか？

文在寅守護霊　うーん、まあ、交渉だね。まだ分からないね。

酒井　その体質自体が朝鮮半島を混乱に陥《おとしい》れ続けているのですけどね。

文在寅守護霊　いや、だからね、「南北が対立している」とか「脅威《きょうい》を感じている」

とか言うけど、そういう面もあるけど、半分は、そうではない、きょうだい喧嘩《げんか》みたいなところがあるわけで。あんたがたには分からないところがあるわけでね。
　自分たちの身内がまだ北にはいるわけだから。北にも南にも身内がいるわけで、親《しん》戚《せき》同士で戦わなきゃいけないような状態がある。それで「戦い」をやったら、すごい悲《ひ》惨《さん》なものになるのは、前回よく分かってるからね。すごい人数が死んでる。百万人以上の人が死んどるからさ。

大川裕太　はい。

文在寅守護霊　またやったら、そうなるんだから。戦いたくはないんで、お互《たが》いな。だけど、北が軍事力で独立したいっていう気持ちは、われわれには分からんこともない。それは、南もそうでありたいとは思ってるよ。
　だから、北が存在することで、アメリカへの牽制《けんせい》になってるところもあるわけなんでね。アメリカは自由にできない。中国があることで、沖縄もアメリカ軍から独立しようとしてるんだろう?

大川裕太　はい。

文在寅守護霊　中国の軍事攻勢《こうせい》があって、「アメリカの基地があると狙われるから、帰ってくれ」って。

そういうところで、他の力も使わなきゃいけないわけよな。うーん。

酒井　今、「きょうだい喧嘩」とおっしゃっていましたけれども、最初、朝鮮戦争は中国・ソ連とアメリカとの戦いだったと。

文在寅守護霊　うん。

酒井　中国とアメリカの背後には、共産主義勢力と資本主義勢力という、そういうような戦いがあったと思います。そういう戦いのなかに巻き込まれたのであって、別にきょうだい喧嘩をしているわけではなく、傀儡《かいらい》政権として金日成《キムイルソン》が任命されていたというだけの話ですよね？

文在寅守護霊　いや、そんなことないな。金日成自体は、やっぱり、北にとっては毛沢東《もうたくとう》みたいな存在だと思うよ。たぶんね、うん。

大川裕太　ただ、先ほどおっしゃっていた「主体思想」についての問題点として、この主体思想が最終的にどうなるかというと、結局、「金日成主席が主体である」と。

文在寅守護霊　うん。

大川裕太　彼が国の唯一《ゆいいつ》の主体であるとして、その独裁を称《たた》えるという結論になるわけですよね。

そうであれば、韓国《かんこく》も「主体思想」を尊敬してもよろしいのですけれども、民主的な国家からはほど遠い国になってしまいます。文在寅大統領が「主体」となるのであれば、それは、文氏の独裁国家になるわけで、一九八七年以前の韓国に戻《もど》るわけですね。

文在寅守護霊　いやあ、選挙制度を残せば、そういうふうにはならないだろうし、もし韓国じゃなくて、「北朝鮮のほうが上に乗る」っていうんだったら、日本の「天皇制」のまねをして、政治権力を全部〝抜《ぬ》いて〟しまえば、まあ、やれないわけではないから、それも「一つのモデルとしてはありえる」と思うんだな。

大川裕太　なるほど。

文在寅守護霊　「金《キム》一族王朝を、いちおうは王室みたいに遇《ぐう》するけど、現実は政治には口出ししない」みたいな感じ。

だから、「軍隊も文民統制下に置いて、議会制民主主義はやる」っていうような、そういう妥協はありえると思うけどね。

「北の核《かく》は統一朝鮮《ちょうせん》を護《まも》るために必要」と本音を漏《も》らす

酒井　まあ、そういうふうに考えるかもしれませんけれども、北朝鮮圏《きたちょうせんけん》は、さらに、背後にはロシアもいるわけですよ。

文在寅守護霊　うん。

酒井　北朝鮮に関しては、ロシアと中国の利害関係もあるわけです。あなたがそれを「文民統制云々《うんぬん》」と言っていますけれども、そういった周りの大国の考えにはどう配《はい》慮《りょ》していくんですか。

文在寅守護霊　みんな利害はあるだろうけども。いや、だから、北の核《かく》兵器は、ある意味では、統一朝鮮を護《まも》るためには必要なものもあるからね、あれ。

酒井　ということは、やはり、あなたは核を肯定《こうてい》しているではないですか。

文在寅守護霊　うーん、だから、「われわれの敵になるんじゃなくて、われわれの手の内にあるなら、別に困らない」っていうことだな。

酒井　要するに、核兵器を「持つ」んですね？　「廃棄《はいき》しない」んですね？

文在寅守護霊　だから、連邦《れんぽう》制のようにね。アメリカだって南北戦争でシビルウォー（内戦）があって、奴隷《どれい》を認める国家と認めない国家があったのを、二つの国家にしないで、ずいぶんなコストをかけて南北を統一したんだろうけども。（南北朝鮮を）統一して、核も、南も含《ふく》めて朝鮮民族の全部のアンダーコントロール（管理下）にすれば、朝鮮半島を護るためなら別に構わないわなあ。

酒井　要するに、中国、ロシア、そういった大国……。

文在寅守護霊　いや、別に、インドやパキスタンと一緒になるというだけのことだから。日本だけ後れてるんだから。

日本だけ九条護っとれば脱落《だつらく》していく。たぶん、後進国になるから。だから、朝鮮半島のほうが「上」になるわなあ。そうすると、中国の次は「統一朝鮮」が怖《こわ》いと、まあ、日本がそうなるから、日本はだんだん言うままになる。

酒井　それで、あなたは世界の軍事的なパワーバランスのなかに組み込まれようとしているわけですね。そういう考えはあるということですね。

文在寅守護霊　「パワーバランスに組み込まれる」って……、いや、私たちは主体的にやろうとしてるだけのことですから。

酒井　それで、中国・ロシアに対抗《たいこう》することもできると。

文在寅守護霊　「対抗する」って言って、どこの国だって国の大小はあるけど、自分の国を護るのは、それは自由ですから。護る力がないのは日本だけなんで、それ以外は国を護れるんでね。

酒井　通常兵力というのはありますけれども、「自国を護るためには核が必要だ」と思われているんですね。

文在寅守護霊　まあ、そんなこと、ロシア・アメリカ・中国に物言うには必要でしょうねえ。

酒井　必要だと？

文在寅守護霊　うん。

酒井　これは、あなたの表面意識にはないものですが……。

文在寅守護霊　中国だって、そらあ、北朝鮮から核を撃《う》たれたら、被害《ひがい》は絶対に出ますからね。北京《ペキン》ぐらいには届きますよ、それはね。いくら何でもねえ。

酒井　では、「核を持った統一朝鮮を目指したい」というのがあなたの考えということでいいですか。

文在寅守護霊　いやあ、「議会制民主主義」と、それと、「資本主義制度」と、もう、アメリカでも別に一緒じゃないの。それで、「核兵器」と「軍隊」があって、アメリカと一緒じゃない？　何にも変わらないよ。全然変わらない。

「あまり主体性のない政策なのでは」という疑問に対する弁明

大川裕太　先ほど、シビリアン・コントロールの話も出てきたのですけれども、文大統領守護霊のお話を聞いていると、意外にも、各方面に妥協しながらというか、あまり〝主体性のない政策〟であるように感じるので、盧武鉉《ノムヒョン》元大統領等ともちょっと似ているのではないかという気もするんですが。

文在寅守護霊　いや、「太陽政策」（金大中《キムデジュン》・盧武鉉時代の対北朝鮮融和《ゆうわ》政策）ですから、基本的にねえ、すべての人に光を当て……。

大川裕太　そうですね。ただ……。

文在寅守護霊　日本で言うと、天照大神《あまてらすおおみかみ》だから。そういう人があったよね？　まあ、似たようなもんだね。〝韓国の天照大神〟だ、もう。

大川裕太　（苦笑）ただ、韓国では反北朝鮮という恨《うら》みの思いですね、「恨《ハン》」の思いを持っている方もけっこう多いようですし、気をつけないと……。

文在寅守護霊　いやあ、そんなことないよ。それは、わずか、ここ六、七十年のもので、日本に対する恨みのほうがはるかに深いですから。

大川裕太　まあ、もちろん、それとの比較《ひかく》はできないのですが、韓国の政治力学を見ると、弱い大統領、決断できない人が出てきたときには、軍事クーデター等が起きやすいんですよね。シビリアン・コントロール以前に、軍隊からあなたが見放されたときに、大統領が挿《す》げ替えられてしまう可能性も十分あります。

文在寅守護霊　それは、私だって軍隊経験もあるし、それについては、十分考えて……。君たちと違ってね、われわれは「常在戦場《じょうざいせんじょう》」で、いつも戦争できる態勢になってるから。

君らよりは、もうちょっと感覚が鋭敏《えいびん》なの。日本ほど鈍《にぶ》くはないからね。だから、考えてはいるよ。

7　文新大統領を背後で指導する霊《れい》存在とは

なぜかムッソリーニを持ち上げる文在寅氏守護霊

酒井　逆に、クーデターを起こされる側ではなくて、「国を掌握《しょうあく》したい」という気持ちもあるのではないですか。

実は、昨日《さくじつ》、こちらにムッソリーニという方の霊《れい》が来られました。武力を持ってクーデターを起こしたタイプの方ですけれども、その方があなたのことを霊指導していると言って出てきたんですよ。

文在寅守護霊　ふーん。ムッソリーニっていう人は、すごく評判のいい人でしたからねえ。

酒井　どこでですか。

文在寅守護霊　何が？

酒井　「評判のいい人」とは？

文在寅守護霊　うん？

大川裕太　当時のイタリアでですね？

文在寅守護霊　ヨーロッパだね。うん。ドイツと同盟したから没落《ぼつらく》したんで、ドイツと同盟さえしなければ、英雄《えいゆう》で遺《のこ》れた人ですからね。

酒井　なるほど。あなたは、その考えと近いんでしょうか。

文在寅守護霊　「イタリアの救世主」と思われた方ですからね。

酒井　尊敬しているのですか。

文在寅守護霊　うん。二十年間、イタリアを平和裡《り》に繁栄《はんえい》に導いた方ですから。ドイツとの、ナチスとの同盟さえしなきゃ、あんなにはなってない。英雄で遺れた人ですよ。だから、あれはもう、「神々の一人」と思われていた方ですからね。

酒井　「神々の一人」ですか。

文在寅守護霊　それはそうです。

酒井　そこまでにはなっていないのではないですか。

文在寅守護霊　いや、それは、あんたねえ、戦後、〝洗脳教育〟で教わってるから間《ま》違《ちが》っているだけでね。

酒井　そうですか。

文在寅守護霊　うん。そうですよ。そういう理解ですよ。

酒井　ただ、反共産主義者ではあったわけですよね。

文在寅守護霊　うーん、まあ、そういうところはあったけども、考え違いしてるのは、「反ユダヤ主義者じゃなかった」ということなんですよね。

ナチスはユダヤ狩《が》りをやったけど、ムッソリーニはユダヤ人を逃《に》がしてますからね。シンドラー以上に逃がしているので。彼はそういう思想の持ち主じゃなかった。

ドイツと同盟したために、あんなに評判が悪くなって、負けるようになったんで。しなければ、「イタリアの救世主」で終わってた方ですね。うん。

酒井　ただ、政治的には、あなたの言っている民主的な政治ではなく、「一党独裁」では……。

文在寅守護霊　民主的な政治ですよ。

酒井　いやいや。

文在寅守護霊　ムッソリーニさんのは民主的政治ですよ?

酒井　いやいや。ほぼ「一党独裁」に持っていったんですよ。

文在寅守護霊　そんなことはない。あのねえ、ファシズムというのは〝民主主義の極《きょく》致《ち》〟なんですよ。

酒井　確かに、民主主義の極致は……。

文在寅守護霊　だから、もう、民主主義の支持率が九十パーを超《こ》えればファシズムになるんですよ。

酒井　なるほど。民主主義の究極的な姿は全体主義ですからね。

大川裕太　（笑）ムッソリーニ自体は、当初大した票は取れていなくて、たかだか二十パーセントぐらいの票を取ってローマに進軍し、それで威圧《いあつ》しただけで政権を取ってしまったんですけれどもね。

文在寅守護霊　いやあ、それは勉強不足だ。そんなことないですよ。

大川裕太　いやいやいや。

文在寅守護霊　二十年もの政権を、そんなに維持《いじ》できるわけないでしょう。

酒井　そのあとは独裁に持っていっていました。

大川裕太　独裁を張っていましたから、国王からの信任を得て。ただ……。

文在寅守護霊　いや、評判もよかったんですよねえ、すごく。

大川裕太　ただ、韓国《かんこく》の政治家で、もし、ムッソリーニにいちばん似ている方がいるとしたら、朴正熙《パクチョンヒ》ではないかと私は思うのですけれども、それはいかがですか。

文在寅守護霊　いやあ、それは、日本の傀儡《かいらい》でしたから、ちょっと違うんじゃないですかねえ。

大川裕太　いやあ、あなた様はそういう理解かもしれませんけれども（笑）。

ムッソリーニとの霊的《れいてき》な関係を追及《ついきゅう》する

酒井　いや、ちょっと待ってください。守護霊様は、なぜそこまでよくムッソリーニのことを知っているんですか。

文在寅守護霊　ええ？　うーん。うん……、「なんで」ったって、まあ、うーん。だから、弱い国っていうかなあ、弱小国になりかかってるの……、イタリアとか、ギリシャとかもそうですけど、かつての大国だったのに今は弱くなっているところを、急に回復させたり、統一したり、力を持たせたりするということは、非常に大事なことですよね。

酒井　何か〝妙《みょう》に親しい〟のですが、あなたご自身ということはないですよね？

文在寅守護霊　うん？

酒井　あなたご自身が、「ムッソリーニ」という名前で呼ばれたということはないですよね。

文在寅守護霊　うーん……、分かんない。言ってることの意味がよく分からないんですけど。

酒井　あなたには、お名前はありますよね。

文在寅守護霊　ううん？　言ってることがよく分からない。

酒井　分からない？　ちなみに、あなたは何というお名前で生まれていたのですか。

文在寅守護霊　文《ムン》、文、文。

酒井　いやいやいや。あなたは守護霊さんなんですよ。

文在寅守護霊　ふーん。まあ、いいよ。うん。

酒井　「まあ、いいよ」というのは、「認識されている」ということですよね。

文在寅守護霊　うん。

「日本人でも生まれていた」と告白する

大川裕太　韓国に生まれた方ですか。

文在寅守護霊　うん？　だから、そうだよ。一九五三年に生まれてる。一月二十四日。

大川裕太　いや、「文在寅として生まれる前の人生」などについては、覚えていらっしゃいますか。

文在寅守護霊　うーん。（過去世《かこぜ》では）日本人でも生まれてるよ。

大川裕太　日本人で生まれている？

文在寅守護霊　うん。

酒井　直前世《ちょくぜんせ》が日本人ですか。

文在寅守護霊　直前世かどうか知らん。

酒井　日本のどこに生まれていたんですか。

文在寅守護霊　ええ？　どこにって、日本のどこかだよ。

酒井　えっ？　「どこか」と言われましても……、何をされていたのですか。

文在寅守護霊　ええ？　韓国を攻めさせ《せ》られて、韓国人を大勢殺したので……。韓国じゃないわなあ、李氏朝鮮《りしちょうせん》かなあ。

酒井　李氏朝鮮のときに……。

大川裕太　豊臣秀吉《とよとみひでよし》のときですか。

文在寅守護霊　うーん。攻めていって、だいぶ殺したんで、反省の意味を兼《か》ねて、今回は韓国に生まれてるんだよ。

酒井　ほう……。朝鮮出兵の大名《だいみょう》？

文在寅守護霊　うーん、まあ、〝槍使《やりつか》い〟ではあったわなあ。

大川裕太　槍使い？

酒井　槍使いというと……。

武田　加藤清正《かとうきよまさ》ではないですよね。

文在寅守護霊　いや、ちょっと違う。

酒井　清正ではなくて、確か、誰《だれ》かいましたよね。

（会場から）福島正則《ふくしままさのり》。

酒井　福島正則？

文在寅守護霊　うーん……。

酒井　違いますね。

大川裕太　もしかすると、〝名前のある方〟ではないのではないですか。

文在寅守護霊　そんなことない。名前がないなんていうのは……。

酒井　いや、大名なんでしょう?

文在寅守護霊　大名ですよ。

酒井　大名ですよね。あと、誰がいたでしょうか……。

武田　福島さんではないのですか。

文在寅守護霊　うーん、違うよ。

まあ、君らの日本史の知識はそんなもんだから、まあ、言わねえよ。

酒井　ちょっと忘れてしまったんですけれども、では、そのときに朝鮮を攻めたということですね。

文在寅守護霊　うん。

酒井　今、（霊言《れいげん》に）出ていらっしゃる方は、その方ですか。

文在寅守護霊　分からない。

酒井　あなたは、そこが分からないのに、李氏朝鮮のころの朝鮮出兵のことを覚えているなんて、ありえないですよ。

文在寅守護霊　うーん、だから、何となく分かるんだから、しょうがないでしょ（注。本霊言の収録後、さらなる霊査《れいさ》を重ねた結果、文在寅氏の過去世の一人は戦国時代から江戸《えど》時代の大名・黒田長政《くろだながまさ》と判明した。「特別収録　ムッソリーニの霊言２」を参照）。

「日本は侵略《しんりゃく》主義に対する反省をしなきゃいけない」

酒井　日本での転生《てんしょう》はそれくらいですか。日本以外には、どこに出られていましたか。

文在寅守護霊　うーん……。いやあ、君らの質問についていかないといかん理由はないよねえ。何もないよ。

酒井　いや、ないかもしれませんが、覚えているんですから、しかたがないではないですか。

文在寅守護霊　だから、そんなによくは覚えてない。

酒井　朝鮮には生まれたことはないのですか。

文在寅守護霊　うーん、あるかもしらんけど、よくは分からん。

酒井　その当時、〝朝鮮出兵に行かれた日本の大名の方〟は、今回の就任に当たって、何と言っているのですか。

文在寅守護霊　何？　だから、「贖罪《しょくざい》」。

酒井　「贖罪せよ」と？

文在寅守護霊　うーん。やっぱり、日本が、「侵略《しんりゃく》主義に対する反省」をしなきゃいけない。

酒井　その方は、例えば、日本の豊臣秀吉などについてはどのように思っているのでしょうか。

文在寅守護霊　それは、ヒットラーでしょう。

酒井　ヒットラーだと思っている？　では、そういう認識のまま亡《な》くなっていかれたわけですよね。

文在寅守護霊　うーん。

霊界《れいかい》でヒットラーと会うことはあるのか

酒井　ヒットラーとは霊界《れいかい》で会われたりしますか。

文在寅守護霊　何が？

酒井　ヒットラーです。

文在寅守護霊　（約五秒間の沈黙《ちんもく》）うーん……。何か、難しいことを訊《き》くな。ややこしいな、君。

酒井　いや、会っていなければ、「会っていない」でいいんですよ。

文在寅守護霊　いや、検事か、君は。

酒井　いやいやいやいや。もう、そのような者なんですけれども。

文在寅守護霊　私は弁護士なんだ。人権派の弁護士なんだ。

酒井　弁護士なら、やはり、発言をしてください。最近、ヒットラーに会ったような雰囲気《ふんいき》はありますか。

文在寅守護霊　ヒットラーっていうのは、あっちこっちに出没《しゅつぼつ》しとるからね、今なあ。今、あちこちで政治指導をしてるから。

酒井　どちらで？

文在寅守護霊　うん？　日本にいるんじゃない？　今は。

酒井　日本にいるんですか。日本のどこですか。誰のところにいますか。

文在寅守護霊　安倍《あべ》さんにでも生まれ変わってるんじゃないの？

酒井　ああ、安倍さんに近いところにいると。

文在寅守護霊　うーん。いや、あれ、そうなんじゃないの？　あれ、ヒットラーなんじゃないの？　もしかしたら。うん。あれ、もう。あれ、

酒井　ああ、そういうことなんですか？

文在寅守護霊　そんな男だろうよ。

「質問者に世界史の知識がないから」と話をはぐらかす

酒井　そうすると、話は戻《もど》りますけれども、（霊界で）ムッソリーニとは会われたことはあるんですか。

文在寅守護霊　（約五秒間の沈黙）君らは、日本史の知識もないけど、世界史の知識もないからな。もう、言ってもしかたないんで。

酒井　ムッソリーニと会うかどうかの話に、世界史の知識は要《い》りますかね。

文在寅守護霊　ええ？　いやあ、だって、君ら知らないじゃない。

酒井　いや、ですが、会ったことがあるかどうか……。

文在寅守護霊　何にも知らないじゃないか。

酒井　いやいや、知っていますよ、いちおう名前だけは……。

文在寅守護霊　知識ゼロじゃん。ゼロじゃん。梅干《うめぼ》しみたいな頭しかない。

酒井　ただ、日本人はみな、当時のイタリアについてそれほど詳《くわ》しくはないでしょうから。

文在寅守護霊　「日本人」って、ほかの日本人を一緒《いっしょ》にするなよ。「教養のある日本人」だっているんだからさあ。

酒井　（笑）

文在寅守護霊　君がバカなだけなんだから、そんなもん……。

酒井　ああ、なるほど。

「最低最悪の国だ」と、日本に対する嫌悪《けんお》感を露《あら》わにする

武田　どういう立場の人だったんですか。

文在寅守護霊　何？

武田　ムッソリーニの周辺の、どういう立場の人だったんですか。

文在寅守護霊　「周辺の」って、どういうこと？

武田　関係があるのであれば、お友達とか、あるいは補佐《ほさ》をした人とか……。

酒井　では、ムッソリーニのことをちょっとバカにしてみてくださいよ。

武田　（笑）

酒井　それで腹は立ちませんか？　先ほどから、ムッソリーニのことをすごく擁護《ようご》していますよね。

武田　先ほど、「ドイツと組まなければ云々《うんぬん》」と言っていましたけれども、組まざるをえなくなったのではなかったでしょうか。侵略することによって、周りのイギリスやフランスなどから非難され、経済制裁を受けるなどして、孤立《こりつ》していくところだったんですよね。

大川裕太　いや、ヒットラーのパリ侵攻《しんこう》などを見て、「これは行ける」と思ったのでしたよね。

武田　乗っかったわけですよね。

酒井　ムッソリーニは筋《すじ》の見立てが悪いんですよね。

文在寅守護霊　いや、日本がねえ、もう、全然役に立たんかったからね。日本がねえ。

酒井　役に立たなかった？

文在寅守護霊　日独伊《にちどくい》三国防共のために同盟を結んで、日本が役に立たない！　ほんっとにねえ。

酒井　それは、日本はヨーロッパまでは、なかなか行けないですよ。

文在寅守護霊　そんな、行けないことはないでしょう。

酒井　ロシアがいて、アメリカがいて、中国がいたら、行けないではないですか。

文在寅守護霊　ええ？　そんなことはないでしょう。ほんとはろくでもない国……。

酒井　それこそ、ヨーロッパ戦線で頑張《がんば》っていただかなかったのが、日本の敗戦にもつながっていますよ。

文在寅守護霊　ろくでもない国で、アメリカにこてんぱんにやられよって、ほんっとに。自分らの利益のためだけにアジアを荒《あ》らしまくって、もう、日本っていうのは、最低、最悪の国だよな、ほんっとに。

酒井　何か、今のご発言には、すごく〝実感〟がこもっていますよね。昨日《きのう》聞いた（ムッソリーニの霊言の）発言と〝ほぼ同じ〟なんですけれども（笑）（「特別収録ムッソリーニの霊言1」参照）。

文在寅守護霊　うん？　何が。

酒井　昨日聞いた発言と、言っていることがほぼ同じなんです。

文在寅守護霊　「ほぼ同じ」って、どういうことよ。

酒井　「日本が役に立たなかった」と、愚痴《ぐち》っぽく言っていました。

文在寅守護霊　ほんっとに最悪の国だよ。日本と同盟してね、アメリカが、次、没落するね、きっと。

酒井　なるほど。

文在寅守護霊　この日本っていうのはね、〝おんぶお化《ば》け〟みたいなもんだから。背負ったら最後、取り憑《つ》かれたら最後ねえ、もう、海面下に沈《しず》んでいく国だから。

「ムッソリーニは天才だと思うな」

酒井　ムッソリーニに軍事的才能がなかったのではないんですか。

文在寅守護霊　あった、あった、あった！

酒井　ええ？

文在寅守護霊　ものすごくあった！（会場笑）

大川裕太　まあ、イタリアのなかでは、かなりあったほうですよね。

文在寅守護霊　あったんだ。そうですよ。

酒井　いやいや、国内の小さなところならできるけれども、世界的に戦うのは……。

大川裕太　いや、エチオピアを征服《せいふく》できたのはムッソリーニしかいません。ムッソリーニ以前の人は負けていますので。

酒井　ああ、そうですか。

文在寅守護霊　うーん。「天才」だと思うなあ。

酒井　天才だったんですか。

大川裕太　そうですね。

酒井　なるほど。では、そのときは、槍《やり》などは使いたかったのですか？　イタリアの転生のときの「槍」に当たる武器は何だったのですか？

文在寅守護霊　ううん？　君ねえ、近代的な軍隊を動かしてる人に、何ていうことを言うんだ。

酒井　いやいやいや、過去世で「槍が得意だった」のでしたら、あなたにとって、槍に当たるようなものは何だったんですか。

文在寅守護霊　ええ？　まあ、軍隊は……、現代戦なんだからさあ、君ねえ。

酒井　たとえ話なんで、まあ、それは結構です。

郵便はがき

料金受取人払郵便

赤坂局承認

9429

差出有効期間
平成31年2月
28日まで
(切手不要)

1	0	7	8	7	9	0

112

東京都港区赤坂2丁目10−14
幸福の科学出版(株)
愛読者アンケート係 行

ご購読ありがとうございました。
お手数ですが、今回ご購読いただいた書籍名をご記入ください。

書籍名

フリガナ お名前	男・女	歳
ご住所 〒 都道府県		
お電話 (　　　) —		
e-mail アドレス		
ご職業	①会社員 ②会社役員 ③経営者 ④公務員 ⑤教員・研究者 ⑥自営業 ⑦主婦 ⑧学生 ⑨パート・アルバイト ⑩他 (　　)	
今後、弊社の新刊案内などをお送りしてもよろしいですか? (はい・いいえ)		

愛読者プレゼント☆アンケート

ご購読ありがとうございました。今後の参考とさせていただきますので、下記の質問にお答えください。抽選で幸福の科学出版の書籍・雑誌をプレゼント致します。(発表は発送をもってかえさせていただきます)

1 本書をどのようにお知りになりましたか？

①新聞広告を見て [新聞名：]
②ネット広告を見て [ウェブサイト名：]
③書店で見て　④ネット書店で見て　⑤幸福の科学出版のウェブサイト
⑥人に勧められて　⑦幸福の科学の小冊子　⑧月刊「ザ・リバティ」
⑨月刊「アー・ユー・ハッピー？」　⑩ラジオ番組「天使のモーニングコール」
⑪その他 ( )

2 本書をお読みになったご感想をお書きください。

3 今後読みたいテーマなどがありましたら、お書きください。

ご感想を匿名にて広告等に掲載させていただくことがございます。ご記入いただきました個人情報については、同意なく他の目的で使用することはございません。

ご協力ありがとうございました。

ムッソリーニはイタリアに生まれ変わったイエス・キリスト？

酒井　ということは、あなたはムッソリーニですよね？

文在寅守護霊　そんなこと認めてないでしょう？　そんなことは認め……。

酒井　ただ、やたらと持ち上げるではないですか。

文在寅守護霊　何が。

酒井　「戦争が下手《へた》だった」などと言ったら、すごく反発して……。

文在寅守護霊　だから、ヨーロッパのなかでは厳しい環境《かんきょう》の、かつては繁栄したイタリアを護《まも》るっていうのは、同じく、朝鮮半島みたいな半島のなかで独立しようとするときには、非常に参考にすべきところじゃないですかね？

それで、半島っていうのは、内陸部ではほかの国とつながってるっていうことで、そういう意味で、独立し切るのはそうとう難しい。

酒井　確かに、イタリアは、第一次世界大戦でドイツについていたところ、一挙に反旗を翻《ひるがえ》しています。節操がないと言ったら怒《おこ》られますけれども、やはり、半島的性格として、日和見《ひよりみ》的なところもありますね。

文在寅守護霊　やっぱり、日本が弱すぎてさあ。もうちょっとアメリカをこてんぱんにやっつけときゃあさ、アメリカはヨーロッパ戦線まで来て、ノルマンディー上陸とか、そんなことをする必要はなかったんだからさあ。

アメリカの西海岸ぐらいに上陸して、攻撃《こうげき》しろよ、ほんっとに。弱い国……、クソ弱い。

武田　（苦笑）

酒井　いやいや。では、あなたがすればいいではないですか。

武田　そもそも、ムッソリーニは最期《さいご》、殺されたあと、公衆の面前で吊《つ》るされているんですよ。これは、人望も何もないですよね。

文在寅守護霊　いやあねえ、イエス・キリストも、だいたい、そういう感じの死に方をして……。

武田　いやいやいやいや。それとは違うのではないですか。

文在寅守護霊　イエスなんだよなあ。〝イタリアに生まれ変わったイエス〟なんだよな。

酒井　なるほど。うーん。

「核《かく》兵器を釜山《プサン》まで持ってくれば日本は落ちる」

酒井　少し話を戻しますと、昨日のムッソリーニの霊言では、「北朝鮮はヒットラーが指導している」というようなことを言っていましたよね。

文在寅守護霊　あ、そうだった？　知らんねえ。

酒井　いやいやいや。そうすると、今、「北と南で組もう」ということに対しては、気持ち的には悪くはないですよね。

文在寅守護霊　うーん。そして、日本侵攻か。

酒井　いや、当時は日独伊で同盟を組んでいましたから。

文在寅守護霊　日本がポーランド。ポーランドは日本。

酒井　いやいや、当時は日本も組んでいましたけれども、今、組むことはありえないと思います。

文在寅守護霊　そんなことないよ。核《かく》兵器を釜山《プサン》まで持ってくりゃあ、日本は、もう、「落ちる」でしょう。

酒井　ああ、日本を落としたいわけですね。

文在寅守護霊　落としたら、もう、降伏《こうふく》するでしょ。〝無血開城〟は日本だよ。

酒井　あなたは、先ほどまでの多少、品のある発言から、今、やや〝乱暴者〟になってきました。

文在寅守護霊　いや、君が誘導《ゆうどう》してるだけなんだよ。君の妄想《もうそう》に付き合ってるだけなんだから。

酒井　いえいえ、付き合ってないですよ。

文在寅守護霊　妄想だろ？　君も精神病院に早く行けよ。今、妄想に付き合ってるんだからさあ。

酒井　いや、あなたも、それは妄想なのではないですか。

文在寅守護霊　発狂《はっきょう》した人は検事をやったらいけないんだよ。バッジを外すんだよ。

酒井　なるほど。そういうことですよね。

8　韓国《かんこく》はファシズム国家に向かうのか!?

ムッソリーニとルーズベルトのどちらに親近感があるのか

酒井　結論からすると、ムッソリーニさんにはすごく親近感を抱《いだ》き、「偉《えら》い人だったという気持ちはある」ということでいいですよね。

文在寅守護霊　うーん……。

大川裕太　（文在寅氏）本人はフランクリン・ルーズベルトをとても尊敬しているとおっしゃっているのですけれども、こちらは敵方に当たりますよね。おそらく、文在寅さんの髪型《かみがた》は、フランクリン・ルーズベルトに似せているのだと思いますし、顔もそれとなく似ているような気もしますけれども、ムッソリーニのほうでよろしいですか。

文在寅守護霊　ムッソリーニは、個人的にはすごく強くて、決闘《けっとう》も五回ぐらいやって、レイプもやってるしねえ。それから、学生時代に殺傷事件も二回ぐらい起こしてるし。

酒井　では、個人的にはまずい人だったわけですよね。それとも、今回の投獄《とうごく》されたところが一致《いっち》しているということを言いたいわけですか。

文在寅守護霊　いやあ……。何て言うか、〝血気盛《さか》んな方〟ではあったわなあ。

酒井　あなたも〝血気盛んな方〟ではあるわけですよね。

武田　学生時代のあだ名は「問題児」だったと聞いています。

大川裕太　確か、韓国《かんこく》語では、「問題児」で「ムンジェイン」に近い読み方をするのですよね。

「太陽政策」はファシズムでなく「全方位外交」のこと

酒井　あなたは、「何でもできる」ような言い方をして、「何でも反対をする」というような、矛盾《むじゅん》した……。

文在寅守護霊　そういうね、ファシズムみたいな言い方をしないでくれよ。

酒井　いやいや、ファシズムそのもの……。

文在寅守護霊　ファシズムっていうのは、みんなに「できる」って約束していって、実は、「矛盾してること」を約束するのが特徴《とくちょう》だよなあ。

酒井　今、「ファシズムのように言わないでくれ」とおっしゃいましたが、ファシズムについてはどう思いますか。

文在寅守護霊　ファシズムっていうのは、だからねえ、農民には「小麦を高く買い上げる」と言って、パン屋には「小麦の値段を下げる」と言うというような感じで票を取っていくのがファシズムなんだから。

酒井　ええ。矛盾していても、一切《いっさい》、関係ないわけですよね。その手法を、あなたは今回、取られていますよね。

文在寅守護霊　もちろん、そのとおりです。「太陽政策」っていうのは、そらあ、「全《ぜん》方位《ほうい》外交」です。

酒井　全方位で、結局、何も実現せず……。

「金正恩《キムジョンウン》は家来《けらい》にしてやろうかと思っている」

大川裕太　すると、今世《こんぜ》は、「これから、もう少し独裁を強化していく」ということでよろしいですか。

文在寅守護霊　わしが、あと二十年ぐらい頑張《がんば》れば、北を呑《の》み込《こ》んで、「大統一朝鮮」ができる。

酒井　できると。そうしたら、あなたの手にかかれば、金正恩《キムジョンウン》などは赤子《あかご》のようなものですね。

文在寅守護霊　だから、家来《けらい》にしてやろうと思っとるよ。

酒井　本音はそういうことなのですね。なるほど。

文在寅守護霊　部将の一人としては使ってやってもいいから。あれで日本を脅《おど》しまくるんだったら、痛快じゃないか。

酒井　なるほど。「手段を選ばず」で、これからいろいろとやっていくわけですか。

文在寅守護霊　うん。とにかくねえ、朝鮮《ちょうせん》半島を統一したほうがいいよ、うん。北が欲《ほ》しいのは、食糧《しょくりょう》と人道援助《えんじょ》ね。まあ、お金、その他だよなあ。軍事費用だけはだいぶ使っちゃったからな。その他のものは韓国にあるんだよ。ただ、統一費用はそうとうかかるからね。どっかから取らなきゃいけないので、やっぱり、日本から巻き上げるしか、基本的にはない。

「朝鮮《ちょうせん》民族は嘘《うそ》をつくのが平気」

酒井　ただ、あなたの話のなかで、まだ見えていないのがアメリカです。トランプのところですよ。

文在寅守護霊　まあね。だから、（アメリカは）地球の裏側から来て、どこまで介入《かいにゅう》したいのか。朝鮮《ちょうせん》戦争とベトナム戦争で、まだ懲《こ》りてないのか。まだイラク戦争をやってみたり、アフガンを攻《せ》めてみたり、チョコチョコやっとるから、どこまでやる気であるのか。そのへんは探《さぐ》らないといかんわな。

大川裕太　北朝鮮とアメリカの一対一の交渉《こうしょう》で、いろいろなことが韓国の〝頭越《あたまご》し〟に決められてしまうのは構わないのでしょうか。それについて抵抗《ていこう》感はありませんか。

文在寅守護霊　それは北朝鮮が喜ぶだろうなあ。「わしらの核《かく》兵器をアメリカは恐《おそ》れとるんだ」と考えるだろうな。

大川裕太　ただ、気をつけないと、北朝鮮が韓国の資源と引き換《か》えに核兵器を放棄するようなことを、アメリカと一方的に約束することは……。

文在寅守護霊　約束なんかしたって、嘘《うそ》をつくから。

大川裕太　まあ、そうですね。

文在寅守護霊　朝鮮民族っていうのは、嘘をつくのが平気なんで。そんなの、その場逃《のが》れのことをいくらでも言うから。「（核兵器を）放棄する」と言っては金を引き出し、また開発し、見つかったら、また「放棄する」と言って開発し、金を集める。何度でもやるから。

もうね、あと、あれだよ？　あと二、三年もしたら、日本なんか何にも戦わずに白旗を揚《あ》げるよ。それはね、すごいよ。北の核兵器は五十個、百個はできるからね。もう、あなたがたはどうにもならない。

アメリカがトランプ革命で失敗して、経済的に困窮《こんきゅう》して、国際的に孤立《こりつ》したら、もう終わりだな。日本では反米運動をいっぱいやってるんだからさ。

「ロシアより先に日本から金を抜《ぬ》き取らないといけない」

酒井　もし、アメリカが衰退《すいたい》して日本も衰退していった場合、あなたの立場からすると、完全に中国に呑《の》み込まれますが、それはよいのですか。

文在寅守護霊　いや、呑み込まれはしないよ。

酒井　どうして呑み込まれないのですか。

文在寅守護霊　朝鮮半島は「独立」するから。

酒井　では、習近平《しゅうきんぺい》と戦えるんですか。

文在寅守護霊　習近平は、もうすぐ、今回もしかしたら退陣《たいじん》させられるかもしれないね、アメリカに屈服《くっぷく》したんでなあ。

酒井　あなたはそういう「読み」をしているんですか。

文在寅守護霊　うん。だから、追放される可能性はある。習近平も、オーストラリアやアメリカやカナダに逃《に》げる準備をしてるからさ。あそこもね、まあ、韓国も一緒《いっしょ》だけど、権力から追い落とされるときは、「殺される」か、「一族皆殺《みなごろ》し」か、「財産没《ぼっ》収《しゅう》をされる」からね。

酒井　ただ、中国共産党としては、別に、考え方は変わっていないはずですから、あなたはそれに対抗できると言っているわけですよね？

大川裕太　半島の独自性を強調するというぐらいですかね。

文在寅守護霊　だから、イタリアの研究は大事だって言ってるじゃん。

酒井　ただ、アメリカが弱ってきたら、当然、ロシアは出てきますからね。あれだけの核ミサイルを持っているので……。

文在寅守護霊　今、ロシアは経済的に困窮してるんだから、出ようがないでしょう?

酒井　いや、武器が余っているので、その武器の力で占領《せんりょう》したいところですよ。

文在寅守護霊　だから、「ロシアが日本から金を抜《ぬ》き取るか」、「朝鮮半島が日本から金を抜き取るか」の戦いなんだからさ。競争なんだから。

酒井　では、あなたは「それにも対抗できる」と言っているわけですよね？

文在寅守護霊　それは、プーチンよりも金正恩のほうが狂《くる》っとるから、〝狂ってるほうが怖《こわ》い〟でしょう？　狂ってるほうに金を差し出すでしょう。それは当然でしょう。当たり前じゃないですか。

片方は機関銃《きかんじゅう》を持ってても、理性があって、すぐに撃《う》つとは思わない。片方は拳銃《けんじゅう》を持ってるけど、本当に撃つかも分からないと思ったら、そちらのほうにお金を出すでしょう。時計ぐらい渡《わた》すでしょう。当たり前じゃないですか。

酒井　ロシアも、それほど話が通じる国かどうかは分かりませんよ。

文在寅守護霊　ロシアだって経済制裁をされてはいますけどねえ。安倍《あべ》さんとかは狙《ねら》われてる。両方から狙われてるけど、やっぱりねえ、朝鮮半島のほうが安倍さんから金を取るの、先を急がないといかんからね。

実際上、北朝鮮《きたちょうせん》の核《かく》ミサイルでやられるのはアメリカではなく日本？

酒井　やはり、あなたはムッソリーニで生まれたときに……。

文在寅守護霊　いや、勝手に断定しないでください。私はまだ認めてないんだからね。

酒井　結局、当時のイタリアは、つくべき国を間違《まちが》えていましたよね？

文在寅守護霊　うーん。知らんよ、そんな。

酒井　負け側につく傾向性《けいこう》はあったんですけれども、あなたの外交の見立てというのは間違いないのでしょうか。

文在寅守護霊　まだやるべきことがたくさん……、ハードルがたくさんあるんでね。

とりあえず、北との関係も、要するに、「工業団地の再開」とか、「人の行き来」とか、「親族が会えるようにする」とか、まずはそのへんから始めなきゃいけないんでねえ。

その間は、別にアメリカと中国との関係も、特に変わるわけではないけどね。トランプさんが本当に攻撃《こうげき》しそうなのかどうか、訊《き》かないといかんからさあ。

酒井　ただ、次は攻撃する可能性が高いのではないですか。

文在寅守護霊　地球の裏側ですよ？　そこまで来て本当に……。いやあ、ミサイルを撃ってもいいけどさあ。あと、「地上戦」になるのは、それは確実だから。これも百万人ぐらいは死傷者が出ることぐらいは覚悟《かくご》しないと、ミサイルだって撃てないんだからさあ。

アメリカ人が百万人も来やしないでしょ、朝鮮《ちょうせん》半島に。だから、死ぬのは、それは韓国の軍隊ですから。あとは民衆ですからねえ。あるいは、北朝鮮の人も死ぬでしょうけど。

酒井　ただ、今、北はアメリカに向けて弾道《だんどう》ミサイル、核《かく》ミサイルを撃てるようにやっているわけです。アメリカとしては、それを放っておく可能性はゼロですよね？

文在寅守護霊　実際上、アメリカまで届きやしないし、撃っても撃ち落とされるだろうから、やられるのは日本だよ。

酒井　まあ、短期的にはそうでしょうけどね。

「金正恩《キムジョンウン》とサシで話をするためなら、韓国《かんこく》にいる脱北者《だっぽくしゃ》を送り返す」

大川裕太　ムッソリーニという話もありましたけれども、特に、韓国《かんこく》で戦後長らく独裁が続いてきた理由としては、朴正熙《パクチョンヒ》いわく、「北の体制に対抗するには、われわれも独裁にするしかないのだ」というようなことだそうです。

その当時の金日成《キムイルソン》よりも、今の金正恩《キムジョンウン》のほうが何倍も強硬《きょうこう》になっていますが、あなた様も、それを見越して独裁を始める可能性はあるのでしょうか。

文在寅守護霊　うーん……。

大川裕太　特に、自由な国であれば、いくらでも北朝鮮の人が入ってこられますし、いろいろな怪《あや》しい者も入ってきますので。

文在寅守護霊　「自由な国」と言えるかどうかは知らんなあ。
日本の文化は全然韓国に入らないのを、日本人はあんまり知らんみたいだけどねえ。企業《きぎょう》だけ〝あれ〟してるようだけど。韓国人は日本に入れるが、日本の文化はほとんど入らない。君らの映画なんかつくったって、入ってきやしないよ。このへんをよく知らないから。
韓国も北朝鮮も〝洗脳国家〟であることは一緒なのよ。一緒に洗脳してるんで。

●**君らの映画**……　大川隆法総裁の製作総指揮による映画は、「ノストラダムス戦慄の啓示」(1994年)からはじまり、これまでに10作品が公開されている(実写映画3作、アニメーション映画7作)。2017年5月20日より、11作品目である実写映画「君のまなざし」が公開予定。

「朝鮮民族の優位を、一生懸命《いっしょうけんめい》、洗脳してるところ」なんでねえ。だから、そんなに自由な国家かどうかは知らんよ。

それから、私の出方によっては脱北者《だっぽくしゃ》、まあ、北から逃げて韓国に来ている三千人ぐらいの人たちは、海外逃亡《とうぼう》を今計画中だからさあ。私の言い方によっては、要するに、北に引き渡される可能性が出てきたから、今、アメリカやオーストラリアに逃げる準備にもう入ってきてる。

いやあ、どんな国になるかは、それは分からんね。

大川裕太　それは〝楽しみ〟ですね。

文在寅守護霊　私は、それはね、北と対等に話ができるようになるためには「条件を整える」と言ったけど、まあ、金正恩とサシで話ができるためなら、脱北者三千人ぐらい？　そんなの、檻《おり》のなかに入れて北に送り返すぐらいのことはやりますよ。

大川裕太　おお……。まあ、岸信介《きしのぶすけ》も似たようなことをしていましたが（岸信介内閣は、韓国による李承晩ラインの設定に対し、一九五九～六一年にかけて、九万人強の在日朝鮮人を韓国ではなく北朝鮮に送還する報復措置を取った）。なるほど、強硬策に出るということですね。

文在寅守護霊　いや、どんなふうにもできる。

大川裕太　なるほど。では、非常に強硬な大統領になる可能性があるということですね。

文在寅守護霊　まあ、支持率によってはね。

大川裕太　そうですか。

文大統領が、国際社会においてしっかりと、毅然《きぜん》とした振《ふ》る舞《ま》いをしてくだされば、日本としてはありがたいなと思っていますけれども。

9　統一朝鮮《ちょうせん》で「日本を滅《ほろ》ぼすのが使命だと思っている」

「朝鮮半島の救世主になりたい」という野望がある?

文在寅守護霊　まあ、そのうち、君らは韓国に向かって、モスクで礼拝《れいはい》してるみたいに、一日五回、絨毯《じゅうたん》の上で頭をつけて祈《いの》らないといかんようになるから。

大川裕太　いや、日本の人たちは、「韓国にするぐらいであれば、まだ中国にする」と言うと思いますが（笑）。

文在寅守護霊　そうかなあ。

酒井　（笑）ええ。それはないかもしれませんけど。

あなたは過去世《かこぜ》で日本人でもあったわけですよね。

文在寅守護霊　だけど、韓国《かんこく》に対して……。韓国というか、まあ、北朝鮮《きたちょうせん》も含《ふく》めて、朝鮮民族に対して侵略《しんりゃく》し、大量殺戮《さつりく》をした過去世があるから、「今回は日本に対して反対のことをやりたいな」と。「カルマの刈《か》り取りをしたいな」と思っているわけで。

酒井　それだけなんですか？

文在寅守護霊　それはそうです。

酒井　ただ、何か野望がありますよね？　あなた個人として、何か自己実現を成し……。

文在寅守護霊　それは、やっぱりねえ、救世主としてね……。やっぱり、〝朝鮮半島の救世主〟が必要なんですよ。

酒井　救世主になりたい？

文在寅守護霊　だから、金正恩《キムジョンウン》も〝救世主〟になろうとしてるんだけど、今、韓国からも救世主が出たわけで、どっちの救世主が正しいか。あるいは、「バットマン 対 スーパーマン」なのかもしれないし、どっちが勝つか、やってみなきゃいけない。

酒井　ただ、当時の日本では天下を取れずに、朝鮮出兵に行っていただけですから、その人物がそこまでなれますかね。

文在寅守護霊　うーん……。まあ、白頭山《はくとうさん》まで行って虎《とら》退治をするぐらいのことはやりますよ、私だって。

酒井　うん？　では、加藤清正《かとうきよまさ》ではないですか。

文在寅守護霊　別に清正じゃないですよ。

酒井　違《ちが》うんですね。

文在寅守護霊　うん。

歴代の韓国《かんこく》大統領たちは、死後、天国と地獄《じごく》のどちらに行っているのか

大川裕太　どなたかお話しできる方は、今、あなたの周りにいますか。

酒井　それこそ、清正さんには会えますか。

文在寅守護霊　別に、そんな好きではないからな。

酒井　好きではない？

文在寅守護霊　うん。

大川裕太　亡《な》くなられた盧《ノ》武《ム》鉉《ヒョン》大統領とはお会いされる感じですか。

文在寅守護霊　まあ、それはあるかも。

大川裕太　ほかの韓国《かんこく》の歴代大統領たちは、だいたい天国と地獄《じごく》のどちらに行っているのでしょうか。

文在寅守護霊　まあ、天国に行っている人は少ないでしょうね。

大川裕太　少ないですか。

文在寅守護霊　うん。みんな無残《むざん》な最期《さいご》ですから、いつも。

大川裕太　（笑）そうですね。

毛沢東《もうたくとう》、東条英機《とうじょうひでき》、チャーチル、ルーズベルト、スターリンについて

酒井　毛沢東《もうたくとう》とは会うんですか。

文在寅守護霊　ああ、毛沢東か。うーん……、毛沢東も最近また動き始めているようですね。

酒井　どこでですか。

文在寅守護霊　ゴソゴソ動いている感じがしますね。

酒井　あなたは毛沢東と会うんですか。

文在寅守護霊　うん？　毛沢東……。まあ、そんなに好きなわけではない。

酒井　好きなわけではない？

文在寅守護霊　うん。

酒井　では、日本で言えば、東條英機《とうじょうひでき》には会いますか。

文在寅守護霊　え？　東條は好きな人はいないでしょ。

酒井　あなたは好きではない？

文在寅守護霊　うん。

武田　では、あなたが好きな人というのは、どういう……。

文在寅守護霊　いないよ。

酒井　いない？

文在寅守護霊　うん。

武田　孤高《ここう》の人ですか。

文在寅守護霊　孤高の人っていうか、まあ、指導者といったら、そういうものなんじゃないの?

酒井　チャーチルなどはどうですか。

文在寅守護霊　はああ(ため息)。

大川裕太　好きではない?

酒井　まあ、好きではないんでしょうね。

文在寅守護霊　まあ、ブルドッグをペットにしたいような心境の人だけが好きでしょうな。

酒井　（笑）ルーズベルトはどうですか。

文在寅守護霊　まあ、「日本に原爆《げんばく》を落とした」っていうことでは好きだな（注。F・ルーズベルト大統領は原爆投下を計画したが急死し、実行したのはトルーマン大統領）。

酒井　おお……。日本に原爆を落としたいんですか。

武田　スターリンはどうですか。

文在寅守護霊　スターリンですか。……微妙《びみょう》。

大川裕太　微妙？

文在寅守護霊　うん。

酒井　微妙というのは？

文在寅守護霊　好きか嫌《きら》いか、よく分からん。

酒井　まだ利害関係がある？

大川裕太　最後はヒットラーと戦っていましたからね。

文在寅守護霊　うーん、微妙だな。

吉田茂《よしだしげる》元首相が命乞《いのちご》いをしに来たことがある？

酒井　ちなみに、数日前に日本の吉田茂《よしだしげる》・元首相が（霊《れい》として）出てきたんですけれども、どう思いますか。

文在寅守護霊　ああ、ああ、話したことはあるよ。

酒井　どこでですか。

文在寅守護霊　どこでって、こっちでね。

酒井　こっちで？

文在寅守護霊　うん。

大川裕太　霊界《れいかい》でですか。

文在寅守護霊　うん。だから、〝命乞《いのちご》い〟をしてるよね。

酒井　命乞い？　どのようにですか。

文在寅守護霊　「日本を助けてくれ」って言ってる。

酒井　あなたに対してですか。

文在寅守護霊　うん。

酒井　では、最近ですね？

文在寅守護霊　「自分が敷《し》いた戦後の日本の方針が、日本を破滅《はめつ》に追いやるかもしれないから、勘弁《かんべん》してくれ」っていうか、「日本を滅《ほろ》ぼすのはやめてくれ」っていうような哀願《あいがん》に来たことがある。

〝安保《あんぽ》タダ乗り〟の日本が奈落《ならく》の底に落ちるのは当然?

酒井　「あなたのところに行く」というのは不思議ですねえ。それは何を狙《ねら》っているんですか。

文在寅守護霊　私の力が偉大《いだい》だからでしょう。

大川裕太　ほう。

酒井　「北(朝鮮)との関係(改善)も、あなたを通じてお願いしたい」と?

文在寅守護霊　私は北を戦力とし、部下にしようとしているからね。

酒井　それを認めて、あなたのところに吉田茂が来ているわけですね？

文在寅守護霊　うん。

酒井　霊界では、もともとお知り合いだったんですか。

文在寅守護霊　別に。

酒井　「知らなかった」と。なるほど。
　その発言については、どう思いますか。

文在寅守護霊　何が？

酒井　吉田茂の命乞いについては。

文在寅守護霊　いいんじゃない。〝安保《あんぽ》タダ乗り〟で経済発展ばかりを目指し、いい思いをした日本が、これから奈落《ならく》の底に落ちるのは当然なんじゃないですか。

酒井　というと、あなたは、「奈落の底に落ちる」と言って助けに来た吉田茂に対しては、「助けるつもりはない」と？

文在寅守護霊　え？　いや、「助けてほしい」って言っているんでしょう？

酒井　はい。

文在寅守護霊　「地獄の底に堕《お》ちろ」と言っているだけ。

大川裕太　なるほど。

文在寅守護霊　「おまえが悪い」んだから。

酒井　おまえ（吉田茂）が悪い？

文在寅守護霊　うん。

「日本を半奴隷《どれい》国家に変え、富を貢《みつ》がせたい」

酒井　あなたは、日本に対して、現実的にはどうしたいんですか。

文在寅守護霊　奴隷《どれい》国家に変えたいね。

大川裕太　うーん。

文在寅守護霊　奴隷は行きすぎかもしれないけど、「半奴隷国家」にしたいね。

酒井　半奴隷国家に変えたい？

文在寅守護霊　うん。（今は）「半主権国家」なんだろうけど、「半奴隷国家」に変えて日本人を労働力とし、富を貢《みつ》がせたいね。そういう階級社会をつくりたい。

酒井　「富を貢がせたい」と？

文在寅守護霊　うん。

酒井　これがあなたの〝贖罪《しょくざい》〟になるわけですね。

大川裕太　「日帝《にってい》支配の逆をやろう」ということですよね？

文在寅守護霊　うん。韓国が日本を支配する。

大川裕太　朝鮮人を徴用《ちょうよう》したのと「逆にする」ということですね。

文在寅守護霊　うん。

統一朝鮮《ちょうせん》の八千万人が日本を支配する？

酒井　では、「あなたの今回の人生は日本の半奴隷化のためにある」ということでいいんですか。

文在寅守護霊　いやあ、「日本を滅ぼすことが使命だ」と思っている。

大川裕太　おお。

酒井　使命？　日本を？

大川裕太　その意味においては、金正恩と一致《いっち》しているわけですね。

文在寅守護霊　一致しているねえ。

酒井　では、今後のあなたの政策に関しても、「日本を滅ぼす」という筋《すじ》から、いろいろと話が出てくるわけですね。

文在寅守護霊　そらあ、北朝鮮《きたちょうせん》から防衛するために国を売るみたいなことはできませんよ。

大川裕太　なるほど。

文在寅守護霊　同一民族なんですから。

これについては、反発し合っている保守は間違っている。やっぱり、統合して、周りの国に対して許しを与《あた》えなきゃいけない。

もうすでに私のところへ吉田茂が〝命乞い〟に来ている状態なんだから、日本が韓国に支配される日は近い。

大川裕太　うーん。

文在寅守護霊　中国に支配される（かもしれない）と思っているでしょう。とんでもない。統一朝鮮に支配される。統一朝鮮の八千万人が核《かく》武装をし、ミサイルを持ち、憲法改正もできない日本を支配します。

酒井　そこがあなたの狙いですか。

文在寅守護霊　そんなの、中国の手を汚《けが》すまでもない。

酒井　安倍《あべ》さんがいますし、稲田《いなだ》さんは、今、「（過去世が）山本五十六《やまもといそろく》」と言われていますけれども……。

文在寅守護霊　みんな地獄に叩《たた》き落とす。

酒井　あの人たちに対抗《たいこう》できるんですか、あなたは。

文在寅守護霊　だから、あいつらを地獄に叩き落とすために、私が出てきているんだから。

大川裕太　なるほど。

酒井　「当然、勝つ自信はある」と？

文在寅守護霊　うーん。

酒井　なるほど。

アメリカが孤立《こりつ》主義に行くのを待っている

酒井　日本において何か怖《こわ》いものはありますか。

文在寅守護霊　何にも怖いものはない。ほっといても潰《つぶ》れる国だから、まあ、どうってことはないけれども。

アメリカが「孤立《こりつ》主義」に行くのを待っていますけどね。アメリカが「孤立主義」に行けば、「日米同盟がもうすぐ終わりになる」でしょうから。アメリカが自分のところを攻撃《こうげき》されないためには、日米同盟を〝切っとく〟のがいちばんですから。

大川裕太　その前に「米韓同盟」が終わりそうですけどね。

文在寅守護霊　うーん。そうかなあ。知らんけどね。

大川裕太　もともとは去年（二〇一六年）で陸上の部隊は韓国から撤収《てっしゅう》する予定でしたからね。

文在寅守護霊　米軍が退《ひ》いていくしかないでしょう。トランプさんは、どうせ、「経済」でも間違うし、「外交」でも間違うから。

大川裕太　なるほど。

文在寅守護霊　自滅するだろうから。孤立主義に陥《おちい》るでしょう。

大川裕太　うーん。

酒井　経済に関しては、あなたのほうが得意だとおっしゃるんですか。

文在寅守護霊　いや、私は、経済に関しては、そんなによくは分からないけど、「どうやれば交渉《こうしょう》に勝てるか」っていうことは分かっているから。

酒井　ただ、レーガン大統領のときにも、結局、同じようなかたちでソ連が解体されました。

文在寅守護霊　まあ、アメリカはどうでもいいけど、安倍さんは、頭がなくて足しかない人だから。幽霊《ゆうれい》の〝逆〟ですけどね。あれ、フットワークよく、韓国にゴルフをしに来るだろうからさあ。お金を持ってくるんでね、いつも。〝コウノトリ〟だよ。

酒井　「お金を引き出そう」ということですよね。

文在寅守護霊　あいつは金をばら撒《ま》いて人気を取るだけだから。国内でもそうだ。海外でも、同じことを考えとるだろうな。

もうすぐ日本も終わるよ。「韓国の時代」がやってくるんだ。

ムッソリーニとは考えが合う

酒井　考えの筋は非常によく分かりました。

大川裕太　今後の〝活躍《かつやく》〟を楽しみに……。ええ。

文在寅守護霊　だから、私はムッソリーニじゃないよ（注。この言及とは異なる真相が、本霊言収録後にさらなる霊査を重ねた結果、明らかになっている。「特別収録　ムッソリーニの霊言2」を参照)。

酒井　いやいや、もう……。

文在寅守護霊　ムッソリーニっていう人は……。

酒井　〝神様のような人〟なわけですね。

文在寅守護霊　親しいけどね。

酒井　え?

文在寅守護霊　まあ、親しいことは親しい……。

酒井　では、違うんですか。ムッソリーニではない？

文在寅守護霊　私はムッソリーニじゃないよ。

酒井　それは間違いないですよね？

文在寅守護霊　あなたが検事じゃないのと同じように、違うよ。

酒井　なるほど。ムッソリーニでなければ、なぜ、そんなに親しいんですか、ムッソリーニと。

文在寅守護霊　考えが合うから。

大川裕太　ほう。

酒井　あなたは、そのころ、どういう人としてこの世に生まれていました？

文在寅守護霊　だから、「私みたいな偉大な〝救世主〟は、たまにしか生まれないんだ」って言ってるでしょう。

大川裕太　「それほど頻繁《ひんぱん》に生まれているわけではない」ということですか。

酒井　では、豊臣秀吉《とよとみひでよし》のころに出て、そのあと、一切《いっさい》生まれていないんですか、この世には。

文在寅守護霊　秀吉のころだって、別に、「私が生まれた」と言っているわけじゃないからさあ。「関係者が生まれたかもしれない」と言っている。

酒井　それについては結構です。そのあと生まれていないんですよね？

文在寅守護霊　うーん。

酒井　なるほど。そうですか。あなたはムッソリーニ本人ではないけれども、それに考え方が合う人。

「朝鮮《ちょうせん》半島が世界の中心になる時代が来る」

文在寅守護霊　世界史は、今まで、次々と光が当たっては、それが移っていく歴史なんだから、「朝鮮《ちょうせん》半島が世界の中心になる時代が来る」んですよ、これから。そして、南北朝鮮の人たちの魂《たましい》の苦しみが癒《い》やされるんですよ。そのための〝救世主〟が必要なんだ。それが私なんですよ。

酒井　なるほど。

文在寅守護霊　ええ。

大川裕太　分かりました。

文在寅守護霊　あなたがたの言葉で言やあ、「十次元存在」こそ私なんだ（幸福の科学非公認）。うん。

大川裕太　（苦笑）

酒井　本日は、どうもありがとうございました。

●十次元　霊界は多次元構造となっており、霊人は、悟りや心境の高下に応じ、四次元から九次元の各世界に分かれて住んでいる。なお、十次元には、三体の惑星意識（大日意識、月意識、地球意識）が存在するとされる。『太陽の法』『永遠の法』（共に幸福の科学出版刊）参照。

10　マクロの視点がない韓国《かんこく》の現状

大川隆法　（手を二回叩《たた》く）（ため息）よく分からない人ですね。何やらよく分からず、煙《けむ》に巻かれるというか……。これからの外交交渉《こうしょう》も（手を一回叩く）、おそらく、こんな感じでしょう。

大川裕太　〝グニャグニャ〟していますね。

大川隆法　何だかよく分からない……。

大川裕太　はい。

大川隆法　たぶん、よく分からない人だろうと思います。

でも、そういう国だと思います。〝こんにゃく国家〟だと思います。グニャグニャです。

ですから、「主義主張」や「国際的正義」は韓国《かんこく》や北朝鮮《きたちょうせん》には立たないのです。彼らには「同朋《どうほう》意識」や「家族愛」しかありません。

ミクロしかなくて、マクロは実際上ないので、マクロに関しては、そのときどきに対応して〝風に乗る〟しか生きていく道はないのです。

（文在寅守護霊は）イタリアのことを言っていましたが、（韓国は）イタリアにも似ていますし、「ディアスポラ」というか、「全世界に分散したユダヤ人」のようなところもあるかもしれません。

世界の歴史のなかで見て、ハングルを使うのは朝鮮半島しかなく、「そこで南北でいがみ合っている国、この存在が必要なのかどうか」ということを問われている部分もあるのです。

ロシアに吸収されようとしたり、中国に吸収されようとしたり、日本に吸収されようとしたりして、いつも取られようとしている国なので、それへの反発として、「夜《や》郎《ろう》自《じ》大《だい》」の傾向《けいこう》があります。

国の体質を一言《ひとこと》で言えば、「夜郎自大」です。「自分たちの国は大きいぞ。すごいぞ」と見せて、虚勢《きょせい》を張る。これが基本体質なのです。

国際社会のなかで、この考えが生き残れるかどうか。客観的な彼我《ひが》の戦力比や経済力の差、産業の差を分かっているかどうかが問われますが、〝大いなる田舎者《いなかもの》〟かもしれないという印象を受けます。

パレードの様子を見れば、今、〝救世主気分〟でパレードしていると思われますが、本当にそれだけの力があるかどうか、これから見せていただかなくてはいけないと思います。

大川裕太　はい。

大川隆法　われわれには特に決めつける気はありませんが、「韓国の人たちは戦勝気分に酔《よ》わないほうがよいのではないか」と思います。「逆回転がかかって破滅《はめつ》に向かうかもしれない」ことを十分に考えておいたほうがいいですよ」ということだけはアドバイスしておきたいと思います。

大川裕太　はい。

大川隆法　（手を一回叩く）

質問者一同　ありがとうございました。

特別収録
ムッソリーニの霊言《れいげん》1

二〇一七年五月十日　収録
幸福の科学　特別説法堂《せっぽうどう》にて

ムッソリーニ（一八八三～一九四五）

イタリアの政治家。第一次大戦後、ファシスト党を結成。一九二二年のローマ進軍で政権を握《にぎ》ると、首相などの要職を独占《どくせん》し、独裁体制を樹立する。エチオピア併合《へいごう》を機にドイツのヒットラーと提携《ていけい》し、第二次世界大戦に参戦。失脚《しっきゃく》後、一時はドイツ軍の支援《しえん》を受けるも、パルチザン（武装した一般《いっぱん》市民が組織する非正規軍）に捕《と》らえられ、銃殺《じゅうさつ》された。

質問者

大川紫央《おおかわしお》（幸福の科学総裁補佐《ほさ》）

「ファシズムの時代がやってくる」!?

ムッソリーニ　うーん……。うーん……。

大川紫央　どなたか、いらっしゃっていますか。

ムッソリーニ　ううーん……？　ムッソリーニ。

大川紫央　ムッソリーニ？　ムッソリーニさん!?

ムッソリーニ　うーん。

大川紫央　イタリアの？

ムッソリーニ　ああ。

大川紫央　どうされましたか。

ムッソリーニ　ううん？　（約五秒間の沈黙《ちんもく》）うーん……。「ファシズムの時代」がやってくる。

大川紫央　はあー……。「ファシズムの時代」がやってくる？

ムッソリーニ　うん。うん。

ムッソリーニは、今、誰《だれ》を指導している？

大川紫央　ムッソリーニさんは、今、どちらにいらっしゃるのでしょうか。

ムッソリーニ　こちらにいるよ。うーん……、今は。（約五秒間の沈黙）韓国《かんこく》で指導してる。

大川紫央　あっ、そうなんですか。新しい大統領（文在寅《ムンジェイン》大統領）を応援《おうえん》していたんですか？

ムッソリーニ　うーん……、そうだな。

大川紫央　どうしたいんでしょうか。朝鮮《ちょうせん》半島をどうしたいんですか。

ムッソリーニ　朝鮮半島？　そらあ、〝乗っ取る〟のさ。

大川紫央　ああ、では、金正恩《キムジョンウン》にも憑《つ》いているんですか。

ムッソリーニ　日本を占領《せんりょう》さ。

大川紫央　日本は嫌《きら》いなんですか？

ムッソリーニ　嫌いじゃないけどさ。

大川紫央　確か、イタリアは日本と同盟を結んだこともありましたよね？「日独伊《にちどくい》」で。

ムッソリーニ　うーん。助けてくれなかったけどね。

大川紫央　どちらに、憑いているんですか。金正恩？　それとも、新大統領？

ムッソリーニ　今、新大統領に憑いてる。

韓国《かんこく》の新大統領は「ファシスト」になっていく!?

大川紫央　えっ？　あの人は「ファシズム（全体主義）」になっていくんですか。

ムッソリーニ　うん。

大川紫央　ええ？　どちらかというと、〝反対の感じ〟がするんですが……。

ムッソリーニ　そんなことはない。

大川紫央　まあ、結果的に見ると、確かに、ルーツは北朝鮮の人ですからね。

ムッソリーニ　うん。ファシストになるよ。

●ルーツは北朝鮮の人……　文在寅氏の両親は北朝鮮出身であり、朝鮮戦争中、北朝鮮から南に逃れてきた避難民であった。

大川紫央　ええっ、それは困りますね。ムッソリーニさんは、なぜ日本を攻《せ》めたいんですか。

ムッソリーニ　別にさあ、そんなことはないが、朝鮮半島に不平や不満が溜《た》まっとるからさ。

ムッソリーニとヒットラーの現在の関係は？

大川紫央　ムッソリーニさんは、今、地獄《じごく》ですよね？

ムッソリーニ　知らないね。

大川紫央　でも、死んだことは分かっていますものね？

ムッソリーニ　まあ、そらあそうかな。

大川紫央　ヒットラーとかとは、会ったりするんですか。

ムッソリーニ　ああ……、関係が微妙《びみょう》だな。

大川紫央　関係が微妙？

ムッソリーニ　うん、おたく（幸福の科学）には、よく出てるらしいじゃない？（注。『国家社会主義とは何か——公開霊言《れいげん》　ヒトラー・菅直人守護霊《かんなおとしゅごれい》・胡錦濤《こきんとう》守護霊・仙《せん》谷由人《ごくよしと》守護霊——』『ヒトラー的視点から検証する　世界で最も危険な独裁者の見分け方』〔共に幸福の科学出版刊〕参照）

大川紫央　ヒットラーは、どこの国を応援しているんでしょう？

ムッソリーニ　ヒットラーは……、まあ、〝出口を探している〟んだろう。

「ヒットラー」と「ムッソリーニ」の同盟が再び甦《よみがえ》る?

大川紫央　韓国《かんこく》の新大統領を霊指導することで、あなたは何がしたいんですか。権力を握《にぎ》りたいんですか。

ムッソリーニ　まあ、朝鮮半島なんてイタリアみたいなもんだよ。あいつ（文在寅大統領）はポピュリストだからね。

大川紫央　でも、朝鮮半島の人たちは、何にいちばん不満が溜まっているんでしょうか。

ムッソリーニ　なかなか、食っていけないからさ。

大川紫央　でも、それを日本や他人《ひと》のせいにしているんですよね？

ムッソリーニ　うん。

大川紫央　なぜ、今日は来られたんですか。

ムッソリーニ　知らないけど、何か〝来たほうがいい〟ような気がしたから。

大川紫央　そうですか。怖《こわ》いですねえ、ムッソリーニさんがあんな人に憑《つ》くなんて。

ムッソリーニ　いや、韓国の大統領は縛《しば》り首になるからさ。一緒《いっしょ》なんだよ。

大川紫央　朴槿惠《パククネ》さんのときは、憑いていなかったんですか。

ムッソリーニ　うーん、朴ではなかった。

大川紫央　今回、朝鮮に来たんですか。それまでは、どこにいたんですか。

ムッソリーニ　ううーん……？（約十秒間の沈黙）まあ、ヒットラーも頑張《がんば》っているからさ。まあ、ヒットラーも北（の指導者）についておるからさあ。わしが南についたら、同盟ができるだろうが。

大川紫央　恐《おそ》ろしい同盟が……。

ムッソリーニ　日本で安倍《あべ》（安倍晋三《しんぞう》総理）がまた……、安倍が「東條英機《とうじょうひでき》」（に憑《つ》かれている）だろうからさあ（『「首相公邸の幽霊」の正体』〔幸福の科学出版刊〕参照）。

大川紫央　ああ！　また、戦前が……。再び戦時中に？　怖いですねえ。

ムッソリーニは、韓国《かんこく》で何をやろうとしているのか

大川紫央　トランプ大統領はどうですか。手強《てごわ》いですよね？

ムッソリーニ　うーん……。（フランクリン・）ルーズベルト（元アメリカ大統領）みたいな感じがするなあ。

大川紫央　ルーズベルト？　あなたたちは、もう一回、戦争を起こしたいんですか。

ムッソリーニ　戦争を起こすつもりはないが、うーん……。人民の欲求不満を晴らしてやろうとしてるだけだよ。

大川紫央　韓国語《かんこくご》は分かるんですか。

ムッソリーニ　うーん……。分からんでも、できるんだよ。

大川紫央　分かりました。

ムッソリーニ　だからねえ、朝鮮半島と日本とがファシズムの国になるんだよ。安倍も〝ご機嫌《きげん》さん〟だから、絶対入っとるよ、あれはな。

大川紫央　東條英機が入っているんですか。

ムッソリーニ　まあ、ほかにも、何人か溜《た》まっとるからな。

大川紫央　うーん……。では、あなたは、韓国の国民の不満を晴らしさえすればいいんですか。

ムッソリーニ　だからさあ、経済を強くして、軍事的には北と同盟を結んで。ねえ？　民族の独立（の気運）を高めなくちゃいけなくて……。

大川紫央　でも、北朝鮮を併合《へいごう》すると、金正恩と文在寅のどちらが、新しい統一朝鮮の大統領として権力を握るんでしょうか。金正恩が、そんなに簡単にトップの座を明け渡《わた》すわけがないと思いますけれども。

ムッソリーニ　まあ、彼は彼で朝鮮半島を統一しようとしている。私は私で統一しようとしている。私だって、〝北の人間〟だからさあ（注。本霊言の収録後、さらなる霊査《れいさ》を重ねた結果、ムッソリーニ霊の「北の人間」という発言の真意が明らかになった。「特別収録　ムッソリーニの霊言2」を参照）。

大川紫央　そうは言っても、北朝鮮の人は、みんな脱北《だっぽく》したいぐらい生活が貧しいわけですよね？

ムッソリーニ　それは、北朝鮮に住んでる人がな。だから、手を差し伸《の》べてやることが大事で、お金……。

大川紫央　でも、ファシズム系って、だいたい、人権を無視するじゃないですか。

ムッソリーニ　お金の力で買収するんだよ。

大川紫央　結局、国民の不満は、もっと溜まっていくんじゃないですか。

ムッソリーニ　だから、敵をつくりゃいいので。

大川紫央　ああ、仮想敵というか、敵をつくれば、そちらに向かって、みんなが一致《いっち》団結《だんけつ》するわけですね？　なぜ、日本にそれを向けるんですか。

ムッソリーニ　日本に取られないように気をつけないと。

大川紫央　あなたは、ムッソリーニさんなんですよね？　韓国の新大統領ではなくて。

ムッソリーニ　そうだよ。だから、新大統領の……。

大川紫央　指導霊なんですよね？

ムッソリーニ　うーん……、家庭教師だよ。

大川紫央　日本が嫌いなんですか？

ムッソリーニ　うーん……。まあ、大して役に立たなかった。

いやあ、戦後、発展したらしいけど、イタリアはすごい後《おく》れとるよ。

大川紫央　イタリアは、もう指導しないんですか。

ムッソリーニ　イタリアは後れとるんだ。

大川紫央　プーチン大統領は？

ムッソリーニ　うーん……。プーチンは、〝もっと大きいの〟が狙《ねら》っているから……。

大川紫央　〝もっと大きいの〟というのは、何がいるんですか。

ムッソリーニ　〝昔のやつ〟が、おるだろうからなあ。
まあ、これから、「ファシズムの時代に入る」んだ。

大川紫央　どうすれば止められますか。

ムッソリーニ　止まりません。

大川紫央　なぜですか。

ムッソリーニ　愛国心からの、何て言うかねえ……、国家を激励《げきれい》して、他国を侵略《しんりゃく》して国益を得る。

大川紫央　まあ、愛国心のところは、幸福実現党も言っているところではあるので、その違《ちが》いを出していかないといけないということですね。

ムッソリーニ　いや、おまえら（幸福実現党）、〝日本神道《しんとう》のファシズム〟だから。おまえらのところに集まってるのは、日本神道の〝くず神〟ばっかりだよ。あれはファシストだよ、みんな。党首も〝ファシスト〟、副党首も〝ファシスト〟。なあ？

大川紫央　そんなことはないですよ。

「北と組むことで、北から攻撃《こうげき》されないで済む」

大川紫央　でも、ムッソリーニさんたちは、国民の不満を晴らすといっても、別に、国民の幸せをきちんと考えてあげているわけではないですよね？

ムッソリーニ　考えたよ。考えたけど、（イタリアでは）負けたら国民に吊《つ》るされるんだよ。韓国《かんこく》とよく似とるだろう。

大川紫央　まあ、そうですねえ。今の韓国の歴代の大統領も、逮捕《たいほ》されるか、自殺されるかですものね。

ムッソリーニ　うーん、あいつも……、朴《パク》（朴槿恵《クネ》前大統領）も死ぬだろうよ。歴代、不成仏《ふじょうぶつ》だからさ。

まあ、今は、北と同盟を結ばなくては、安倍の〝ファシスト〟にやられるかもしらんから、気をつけないと。

大川紫央　今、そういう構図になっているんですか。

ムッソリーニ　うん。安倍が〝軍国主義〟を拡大しとるからさ。

大川紫央　はあ……（ため息）。北と同盟を結んで、どうするんですか。トランプさんは、そういうのは許さないいんじゃないですかね？

ムッソリーニ　トランプはねえ、アジア地域の地理がよく分からないからさあ。

大川紫央　でも、トランプさんは手強いんじゃないですか。あなたで勝てるんですか。

ムッソリーニ　ううーん？　さあ、どうするかねえ。

大川紫央　北朝鮮といっても、きっとまだ、それほど精度がよくない武器でしょう？

ムッソリーニ　分からないけどね。とにかく、まあ、「北と組む」ことで、私たちは「北から攻撃《こうげき》されないで済む」からさ。

文在寅《ムンジェイン》新大統領は「朝鮮《ちょうせん》半島のムッソリーニ」？

ムッソリーニ　だから、文《ムン》（文在寅《ジェイン》大統領）が、「左翼《さよく》の平和主義者」と思わんほうがいいよ。

大川紫央　なるほど！

ムッソリーニ　左翼も右翼も、実は一緒だからね。あれは、愛国者だからね。

大川紫央　ああ、愛国者なんですね。では、「南」とか「北」とかいうのではなくて、「朝鮮《ちょうせん》民族の愛国者」ということですね？

ムッソリーニ　そう、朝鮮民族の蜂起《ほうき》を目指してるからさ。

大川紫央　昨日《きのう》（二〇一七年五月九日）観《み》た、「ブラザーフッド」という映画（二〇〇四年公開の韓国映画／ＵＩＰ）も、そんな感じはありましたね。「南」とか「北」とかいう問題ではなくて、「家族」という。

ムッソリーニ　まあ、「波《は》長同通《ちょうどうつう》の法則」から言やあ、「朝鮮半島のムッソリーニ」と思ってもらってもいいかも分からん。

大川紫央　ええっ、そんなに!?　結構なものではないですか。

ムッソリーニ　うん。だから、おまえらの、要するに、左翼の新聞が書いているのとは、まったく違うようになるわなあ。

ムッソリーニの描《えが》く、韓《かん》半島をめぐる「日・米・中・露《ろ》」の構図

ムッソリーニ　だから、日本は取られるんだよ、次に。「韓国《かんこく》の経済」と「北朝鮮の軍事」が一体化して、中国が後ろ盾《だて》になったら、日本はもうすぐ植民地になるんだよ。

大川紫央　では、そこにアメリカはどうかかわってくるんですか。

ムッソリーニ　だから、今回、北を攻撃できないことになる。韓国が北寄りになれば、

攻撃する正当性がなくなるので。

アメリカが何もできないと、日米同盟は、日本を護《まも》れなくなるだろうね。日本からの〝アメリカ追い出し運動〟が盛《さか》んになるだろう。

大川紫央　うーん、そうですねえ。

ムッソリーニ　君らの使命は終わったんだよ。〝日本神道型ファシズム〟は、もう使命が終わったんだ。これから、コリアが「世界の中心」になるんだよ。

大川紫央　いえ、いえ。いかに日本を制圧できたとしても、朝鮮が世界の中心になるのは、まず、学問のレベルとか、いろいろなレベルで無理でしょう。

ムッソリーニ　やっぱり、発狂《はっきょう》した……。いや、〝戦える男〟が指導者をしているのでね。

大川紫央　いや、あなただって、結局、負けたじゃないですか。アメリカにも負けたじゃないですか。

ムッソリーニ　まあ、「何年間は暴《あば》れる」っていうことなんだよ。だからねえ、今、「金正恩がヒットラーの役割」を演ずるんだよ。

大川紫央　それで、「文さんがムッソリーニの役割」を演じて、「安倍さんは東條英機の役をやる」、と。

ムッソリーニ　東條英機（の役）をやって。（今の安倍政権には転生《てんしょう》した）山本五十六《やまもといそろく》もいるらしいけど（注。以前の霊言で、稲田朋美《いなだともみ》防衛大臣の過去世《かこぜ》は山本五十六であることが明かされた。前掲《ぜんけい》『「戦えない国」をどう守るのか　稲田朋美防衛大臣の守護霊霊言』参照）。

大川紫央　「トランプさんはルーズベルトみたいになって」と、あなたは考えているということですか。

ムッソリーニ　うん。紛争《ふんそう》が起きるのを待っとるんだろう。

大川紫央　なるほど。分かりました。

ムッソリーニ　日米韓の同盟は、壊《こわ》れたのさ。

だから、韓半島は、あとは、ロシアも中国も狙っている。ロシアも中国もアメリカも狙っているからさ。

大川紫央　確かに、また同じ構図が広がろうとしていますね。

ムッソリーニ　でも、獲物《えもの》にされようとしてるからさ。自分たちを護ろうとしてるんだよ。

ファシズムの〝素晴《すば》らしさ〟を誇示《こじ》するムッソリーニ

ムッソリーニ　フフン（笑）。（霊言として）初登場だ。「こんなところにおったか」と思うだろう？

大川紫央　そうですねえ。

ムッソリーニ　ファシズムっていうのは、人気を取るのがうまいんだぞ。知ってるのか？

大川紫央　うーん、まあ、それはそうでしょうね。ヒットラーもすごい信用を得ましたし。

ムッソリーニ　うん。おまえたちの政党は、〝ファシズムの働き〟が悪すぎる。

大川紫央　なぜ、そんなにファシズムは人気が出るんでしょうか。国民の不満のところにつけ込《こ》むからですか。

ムッソリーニ　うーん？　約束するから。〝未来〟を約束するから。

大川紫央　でも、ヒットラーもムッソリーニも、今まで未来が成就《じょうじゅ》していないじゃないですか。

ムッソリーニ　したんじゃない？　支持してるときには。（ドイツは）敗戦国から立ち上がろうとしたんだろう？

だから、北朝鮮だって韓国だって一緒だよ。日帝《にってい》三十五年の支配から、今、独立国家を目指して頑張っているんだよ。ファシズムが必要じゃないか。（約十秒間の沈黙）とにかく、国民が喜ぶようなことをやればいいのさ。「反日」だとか、「従軍慰安婦像《じゅうぐんいあんふぞう》」だとか、「南北朝鮮の統一」だとかさ。「対話でやる」とか言っとりゃいいのさ。

大川紫央　ふーん。でも、本心はもう少し違うんですね？　実際には、対話でやらないですものね。

ムッソリーニ　まあ、対話も使うこともあるがな。そうしたほうが、ほかのほうの〝牙抜《きばぬ》き〟はできるから。

日本は、東條と山本五十六で、もう一回戦おうとしているらしい。無能だったのがよく分かるだろう、昔も。どうしようもないぐらい無能だ。

天皇陛下《へいか》は、もう逃《に》げの一手だしな。〝日本ファシズムの長《ちょう》〟になりたくないんだろう。

ことさ。

（約五秒間の沈黙）まあ、いずれにしても、これからはそういう時代が来るという

大川紫央　分かりました。「文さんが、左翼ではなくてファシストだ」というのは、すごく新たな発見でした。

ムッソリーニ　〝愛国者〟なんだよ。ファシストっていうのは〝愛国者〟だ。

大川紫央　でも、確かに、「愛国心」のところと「ファシズム」のところとの違いは、しっかり勉強しないといけないですね。

ムッソリーニ　貧しさから立ち上がり、敗戦国から再び強国を目指す。ファシズムはいいことなんだよなあ。

ムッソリーニが起こそうとしている〝革命〟に正義はあるのか

大川紫央　でも、〝自己中〟ですよね、その国の。

ムッソリーニ　そう言ったって、今、敗戦したり、被害《ひがい》があったりしたら、それを回復するとみんなが喜ぶだろう?

大川紫央　うーん……。

ムッソリーニ　日本から受けたダメージを回復する。

大川紫央　「日本から受けた」といっても、そもそも、南京大虐殺《ナンキンだいぎゃくさつ》もなかったし、従軍慰安婦も、韓国が言っているようなものではなかったわけですけれどもね。それを、自分たちで勝手につくり変えているじゃないですか。

ムッソリーニ　何言ってるんだ。いや、それは、おまえたちが言ってることで。うち（韓国）では「従軍慰安婦だ」と言う人がおるんだから。

大川紫央　それは、韓国政府がプロパガンダとして、やっているからでしょう。

ムッソリーニ　その心を癒《い》やすまで何兆円欲《ほ》しいか、やっぱり、決めなきゃいかんから。傷ついた心を癒やすために何兆円要《い》るか、まだ決まっとらんから。

大川紫央　いや、もう七十年もたって、日本がアメリカに、「原爆《げんばく》を落としたから、賠償金《ばいしょうきん》を払《はら》え」と言っているかというと、言っていないじゃないですか。

ムッソリーニ　日本は悪い国だから、しょうがない。

大川紫央　では、ドイツとイタリアにも言えばいいじゃないですか。

ムッソリーニ　いや、韓国や北朝鮮は、まったく罪なくして虐《しいた》げられとるんだから。（約五秒間の沈黙）日本に占領されたんだから。日本を三十五年ぐらい占領したっていいんだよ。

大川紫央　そうであれば、そもそもその発想でいくと、「朝鮮戦争」にしても、国連軍が韓国について、中国が北朝鮮についたんだったら、分断したのは国連と中国で、そちらが悪いことになるじゃないですか。

ムッソリーニ　まあ、だいたい、代理戦争なんだよ。

大川紫央　それなら、日本だけに言うのはおかしいじゃないですか。

ムッソリーニ　だから、竹島《たけしま》から次ねえ、もうちょっと、もらわなきゃいかんのでね。仏像だってもらったし、ほかにも韓国領土があるかもしらんからさ。在日朝鮮人百万人を団結させて一気に〝革命〟を起こす。

（私は）出てくるべくして出てきた。だから、「今、北も南も偉大《いだい》な指導霊がついとるから、（日本に）勝ち目はない」っていうことを言いに来たんだ。

大川紫央　いや、勝ち目はあります。

ムッソリーニ　それに人気があるからね。

大川紫央　はい。ありがとうございました。

特別収録

ムッソリーニの霊言《れいげん》2

二〇一七年五月十二日　収録
幸福の科学　特別説法堂《せっぽうどう》にて

ついに霊的《れいてき》な正体を明かすムッソリーニ霊

大川隆法　韓国《かんこく》新大統領・文氏《ムン》を指導しているムッソリーニよ。韓国新大統領・文氏を指導しているムッソリーニよ。少し質問がありますので、来ていただけますでしょうか。

韓国新大統領・文氏を指導している……。

ムッソリーニ　ム、ムッソリーニだ。何だ?

大川紫央　ムッソリーニ様でよろしいですか。

ムッソリーニ　うん。

大川紫央　ところで、一昨日《おととい》、いらっしゃいましたが（「特別収録　ムッソリーニの霊言《れいげん》1」参照)。

ムッソリーニ　うん、うん。

大川紫央　そのとき、「北朝鮮《きたちょうせん》と同盟を結び、民族の独立を高めなくてはいけない」ということをお話しされたので、私が「北朝鮮と韓国が併合《へいごう》したら、金正恩《キムジョンウン》と文大統領のどちらが権力を握《にぎ》るのですか」と訊《き》いたら、「彼は彼で朝鮮半島を統一しようとしている。私は私で統一しようとしている。私だって〝北の人間〟だからさ」と答えてくださいました。

このムッソリーニさんの発言と、文大統領(守護霊《しゅごれい》)の発言が、オーバーラップしすぎていて、「私だって〝北の人間〟だからさ」の「私」を、どのように解釈《かいしゃく》したらよいのかが分からないのです。

ムッソリーニ　いや、(文大統領を霊的に)〝乗っ取ってる〟から一緒《いっしょ》だよ。

大川紫央　〝乗っ取ってる〟から一緒……、ですよね。私なら、その意味が分かるんですけれども。

ムッソリーニ　合体《がったい》だよ。合体、合体だよ。

大川紫央　「あなたは文大統領自身ではない」ということでよいですか。

ムッソリーニ　いや、ムッソリーニだと思えば、ムッソリーニ。彼には完全に……。

大川紫央　憑依《ひょうい》している？

ムッソリーニ　ウォークイン（意識のなかに入る）している。

大川紫央　ウォークインしている？

ムッソリーニ　うん。

大川紫央　ズボッと入っているんですね。

ムッソリーニ　だから、彼は「自分（文大統領）の考えか、私（ムッソリーニ）の考えか」の区別がつかない。

大川紫央　それは、「魂《たましい》として、別のものが憑依して、スッポリ入っている」という認識でよいのでしょうか。それとも、「文大統領の魂そのものがムッソリーニさんで、その魂の兄弟が出ている」ということなのでしょうか。

ムッソリーニ　しょうがないな、もうしゃべるか。

大川紫央　しゃべってください。

ムッソリーニ　私がムッソリーニで、文大統領です。

大川紫央　本当ですか?

ムッソリーニ　同じです。同じ人間です。はい。すみませんね。「第二次大戦で無念の最期《さいご》を遂《と》げたので、韓国でもう一回大統領になって、やり遂げられなかった野望を果たしたい」と思っているということです。はい。

大川紫央　今回、転生《てんしょう》されるときに、韓国を選ばれた理由は何ですか。

ムッソリーニ　〝手ごろ〟だから。（国の）「大きさ」が。
　成功するためには、「今、成功していたら、成功にならない」じゃない。

大川紫央　ああ、これから統一をするか何かで〝名を上げる〟ということですか？

ムッソリーニ　アメリカの大統領になったって、そんなに大したことできないけど、このへんの、今、弱っているところを、もう一回リバウンドさせる。そういうところが面白《おもしろ》いんじゃない。（過去世《かこぜ》での）イタリアに代わって……。イタリアはもう駄目《だめ》だから、韓国のほうから統一して、できたら日本も逆転して、日米朝関係を逆転して、抑《おさ》え込《こ》みたい。
　だから、金正恩は金正恩で統一したいと思ってるよ、向こうからね。だけど、それを〝逆統一〟するのが面白いじゃないですか、人生として。ああ、もうバラすよ、指導霊じゃない。ほんとは、「生まれ変わり」だ。

大川紫央　生まれ変わりなんですね。

ムッソリーニ　はい。無念を晴《は》らしたくて、生まれ変わってるんだ。

大川紫央　ムッソリーニさんは、一回、地獄《じごく》へ堕《お》ちたのですか（注。死後、地獄に堕ちた場合、原則として数十年～数百年、反省行《ぎょう》をしないと生まれ変わることはできない）。

ムッソリーニ　まあ、韓国なんていうのは、天国も地獄も変わらないからね。

大川紫央　でも、生まれ変われたんですよね。

ムッソリーニ　だから、生まれ変わりやすいところがあるんだよ。先進国にはあまり生まれにくいんだけど、三十八度線で、ちょうど朝鮮戦争が始まったから、どさくさに紛《まぎ》れて入り込んだのさ。

（前回の転生で死んでから次の生まれ変わりまで）十年くらいだけど、戦争で死んだ人の場合は「特例」があってね。「戦争特例」というのがあって、その無念があまり残った場合は、「もう一回やり直すこと」「早いうちに人生をやり直し、数年、十年くらいで生まれ変わること」も可能性がある。無念が残った場合は、許されることがある。

戦争のとき、また大勢死ぬことがあるから、「生まれ変わり特例」があって、ちょっと余裕《よゆう》があって、（転生する人数が）多めに入れるんだよ。

大川紫央　「一人の悪人として生きて、地獄に堕ちる」というパターンとは、違《ちが》うパターンがあるのでしょうか。戦争という不可抗力《ふかこうりょく》があったときは……。

ムッソリーニ　やり直し。人生のやり直し。

大川紫央　人生の「やり直し」が許されていると?

ムッソリーニ　うん。だから、戦争が始まったからね。「始まってから生まれてる」から。

大川紫央　なるほど。

ムッソリーニ　一九五〇年に（朝鮮）戦争が始まって、五三年に終わった。私（文在《ムンジェ》寅《イン》）は五三年に生まれてるので。

大川紫央　山本五十六《やまもといそろく》さんも、そう?

ムッソリーニ　そうなんだ（前掲《ぜんけい》『「戦えない国」をどう守るのか　稲田朋美《いなだともみ》防衛大臣の守護霊霊言』参照）。だから、やり直し。これはちょっと普通《ふつう》と違って、そういう場合は、〝ゆるい基準〟が……。場所によっては、出れない所もあるんだけど。

大川紫央　では、「ムッソリーニさんと文大統領は同じ方」ということでいいですよね。

ムッソリーニ　実は、同一人物と言っていいだろう。

日本での転生《てんしょう》の秘密にも言及《げんきゅう》

大川紫央　もう一点、お訊きします。昨日《きのう》の（文氏《ムン》守護霊の）霊言では、（文氏は過去世で）「日本にも生まれたことがある」という話がありました。

ムッソリーニ　うんうん。

大川紫央　総裁先生のほうには、「黒田長政《くろだながまさ》」という名前が出てきたのですが、昨日の霊言ではそこまで特定できませんでした。それについてはどうですか。

ムッソリーニ　あのとき、朝鮮半島は散々酷《ひど》い目に遭《あ》ったからねえ。いやあ、侵略者《しんりゃくしゃ》であったことは……、自覚はあるよ。うんうん。そりゃあ、ずいぶん虐殺《ぎゃくさつ》したよ。朝鮮人をいっぱい殺しまくった、虎代《とらが》わりに。ああ、もう悪いこと、散々したよ。でも、結局、散々敗走したからね。

だから、そのときのカルマがあるから。おまえんところの（映画）「君のまなざし」と一緒だよ。昔殺しまくったのを、今回、カルマの刈《か》り取りしなきゃいかんので。

まあ、そういうニーズもあって、生まれ変わることはできた。

大川紫央　「韓国の人々を救わなければいけない」というカルマですか。

ムッソリーニ　いや、怨念《おんねん》をな。「怨念を浄化《じょうか》する」っていう……。だって、「千年残る」怨念なんだろ？　この怨念は、日本を支配したら消えるよ。

大川紫央　いや、神の目から見たら、そういうカルマの刈り取りの方法では……。

ムッソリーニ　いや、神様は知らん。神は知らんが、韓国民は、怨念は消える。

大川紫央　では、転生《てんしょう》としては、黒田長政さんでいいんですか。

ムッソリーニ　うーん、まあ、〝黒田節《ぶし》〟みたいな……。そりゃあ、九州のほうでは、別途《べっと》、人気はあるんだがな。

いやあ、死後、ちょっと反省することがあってな。うん。

まあ、ここまでが明かしていいところだ。これ以降は、まだ今の段階では明かせない。もし、再度、霊言するようなことがあれば、もうちょっと〝古い〟のも明かしてもいいけども、今んとこ、ここまで。

大川紫央　分かりました。

ムッソリーニ　日本で言ったけど、「自分でもちょっと不本意だったところがあった」っていうことかなあ。

それと、黒田で死んだあと、キリスト教系の霊から、だいぶ、あの世でお世話になったっていうことだよな。

「お世話になった」っていうか、「説教された」こともあって、ちょっと心を入れ替《か》えて、イタリアでキリスト教的に生まれたんだけど、「途中まで評判がよかったんだが、駄目だった」っていう。

「南北統合して日本占領《せんりょう》」を見越《みこ》して手を打っていく

大川紫央　でも、ムッソリーニさんは、二十年間は平和裡《り》に首相を務められたと？

ムッソリーニ　だから、今回、「もう一回やり直してみよう」と思っておるんだけど

●キリスト教系の霊から……　筑前福岡藩の初代藩主であった黒田長政は、黒田官兵衛（如水）の長男であり、父親と同じくキリシタン大名であった。のちに棄教したが、人生のなかにおいてキリスト教の信仰を持っていた時期があった。

な。

まあ、かなり〃きつい〃霊言で、内容も〃きつい〃し、「まえあと」（本書の「まえがき」と「あとがき」のこと）も〃きつい〃が、しょうがないな。

とりあえずは、一石《いっせき》を投じないと。日本の左翼《さよく》マスコミが、確かに、便乗《びんじょう》して「平和が来るようなことを言って、世界戦略をかき乱そうとしている」からな。

まあ、でも、正直でいいじゃない。（私は）〃半分日本人《はんぶんにほんじん》〃だから。ちょっとは、日本にも情を与《あた》えてやったんだからさ。

ただ、〃半分韓国人〃でもあるから、まあ、「韓国人の野望もある」ということだ。

大川紫央　分かりました。

ムッソリーニ　みんなが考えてないところだから。「南北統合して日本を占領《せんりょう》」なんてのは考えてないだろうから。

大川紫央　そうですね。そこまで考えている方だとは思っていないですね。

ムッソリーニ　北の「核兵器《かく》」と「ミサイル」があれば、「日本占領」可能だよ。

大川紫央　「それを見越《みこ》して、北に近寄ろうとしている」というところまでは、みんな見ていないと思います。

ムッソリーニ　うん。「南北の戦争の傷を治して、日本を配下に置くことで、まあ、先の大戦までというか、一九〇〇年代のこの痛みを治せば、〝イタリアの分の傷〟も治るかな」と思っているっていうこと。

大川紫央　それは韓国の人の立場として？

ムッソリーニ　まあ、朝鮮半島の人間として「英雄《えいゆう》」になれるわな。日本から見たら、違うかもしらんが。

大川紫央　今、日本の神々もけっこう地上に生まれていて、「先の大戦で、日本は世界的正義を立てて、白人による人種差別と戦い、アフリカの植民地を解放した」と述べておられますが。

ムッソリーニ　日本の神々を〝ファシスト〟と称《しょう》して、私は（第二次世界大戦を）戦ったつもりでいるわけだから。

大川紫央　でも、日本は戦前、韓国に対してインフラを整備したり、学校を建てたりしています。そんな奴隷《どれい》的に……。

ムッソリーニ　だけど、（今の日本は）アメリカに支配されているからさ。自主的なもんじゃないからさ。だから、アメリカに支配されて、こんなことだから……。

そらあ、実は、「アメリカ支配の悪」を暴《あば》くことで、日本の戦後もまた修正することは可能なので。だから、「アメリカだけが正義だったのかどうか」を問うのも、使命だからね。私は、ちょっと、〝特殊任務《とくしゅ》〟を帯びて生まれたんだ。

大川紫央　分かりました。

ムッソリーニ　これ以上は言えない。まあ、仕事を始めて、また何か大きな問題があったら訊いてくれ。

大川紫央　はい。分かりました。

ムッソリーニ　私は（前の霊言では）「指導霊」と言っているが、ムッソリーニと（文大統領は）本当は同一人物です。

大川紫央　生まれ変わりということですね。ありがとうございました。

あとがき

日本は対北朝鮮、対中国のみならず、対「統一朝鮮」まで構想しなくてはならなくなるかもしれない。

文《ムン》大統領に主導権を渡さず、現在直面している北朝鮮の脅威《きょうい》を早急に取り除くことに専念すべきだ。

「核兵器を除去し、大陸間弾道弾を北朝鮮から取り上げる」ことなく、南北統一朝鮮の成立に力を与え、経済援助をするべきではない。

「国際正義」や「神の正義」のわからない国家に対しては、ピシッとした言葉で対応することが正しい。

韓国国民をシラッとだまして大統領になった男を、信じすぎてはならない。

二〇一七年　五月十一日

幸福《こうふく》の科学《かがく》グループ創始者兼総裁《そうししゃけんそうさい》　大川隆法《おおかわりゅうほう》

『文在寅 韓国新大統領守護霊インタビュー』大川隆法著作関連書籍

『太陽の法』(幸福の科学出版刊)
『永遠の法』(同右)
『「戦えない国」をどう守るのか　稲田朋美防衛大臣の守護霊霊言』(同右)
『国家社会主義とは何か――公開霊言　ヒトラー・菅直人守護霊・胡錦濤守護霊・仙谷由人守護霊――』(同右)
『ヒトラー的視点から検証する 世界で最も危険な独裁者の見分け方』(同右)
『「首相公邸の幽霊」の正体――東條英機・近衛文麿・廣田弘毅、日本を叱る!――』(同右)
『危機の中の北朝鮮　金正恩の守護霊霊言』(同右)
『韓国 朴正熙元大統領の霊言』(幸福実現党刊)

文在寅《ムンジェイン》 韓国《かんこく》新《しん》大統領《だいとうりょう》守《しゅ》護《ご》霊《れい》インタビュー

2017年5月13日　初版第1刷

著　者　　大《おお》川《かわ》隆《りゅう》法《ほう》

発行所　　幸福の科学出版株式会社

〒107-0052 東京都港区赤坂2丁目10番14号
TEL(03)5573-7700
http://www.irhpress.co.jp/

印刷・製本　株式会社 研文社

落丁・乱丁本はおとりかえいたします

ISBN978-4-86395-910-1 C0030
写真：YONHAP NEWS/アフロ／leemage

大川隆法霊言シリーズ・朝鮮半島の政治指導者の本心

危機の中の北朝鮮
金正恩の守護霊霊言

北朝鮮は本当にアメリカと戦うつもりなのか？　追い詰められた「独裁者の本心」と「対トランプ戦略」３つのシナリオが明らかに。そのとき日韓は？

1,400円

韓国
朴《パク》正《チョン》熙《ヒ》元大統領の霊言
父から娘へ、真実のメッセージ

娘よ、反日・親中戦略をやめよ！　かつて韓国を発展へと導いた朴正熙元大統領が、霊界から緊急メッセージ。娘・朴槿恵《パククネ》大統領に苦言を呈す。【幸福実現党刊】

1,400円

守護霊インタビュー
朴槿恵韓国大統領
なぜ、私は「反日」なのか

従軍慰安婦問題、安重根記念館、告げ口外交……。なぜ朴槿恵大統領は反日・親中路線を強めるのか？　その隠された本心と驚愕の魂のルーツが明らかに！

1,500円

※表示価格は本体価格（税別）です。

大川隆法 霊言シリーズ・全体主義者の本心と末路

ヒトラー的視点から検証する 世界で最も危険な独裁者の見分け方

世界の指導者たちのなかに「第二のヒトラー」は存在するのか? その危険度をヒトラーの霊を通じて検証し、国際情勢をリアリスティックに分析。

1,400円

赤い皇帝 スターリンの霊言

旧ソ連の独裁者・スターリンは、戦中・戦後、そして現代の米露日中をどう見ているのか。共産主義の実態に迫り、戦勝国の「正義」を糺す一冊。

1,400円

マルクス・毛沢東のスピリチュアル・メッセージ 衝撃の真実

共産主義の創唱者マルクスと中国の指導者・毛沢東。思想界の巨人としても世界に影響を与えた、彼らの死後の真価を問う。

1,500円

※表示価格は本体価格(税別)です。

大川隆法「法シリーズ」・**最新刊**

伝道の法

法シリーズ 第23作

人生の「真実」に目覚める時

人生の悩みや苦しみは
どうしたら解決できるのか。
世界の争いや憎しみは
どうしたらなくなるのか。
ここに、ほんとうの「答え」がある。

2,000円

第１章　心の時代を生きる ── 人生を黄金に変える「心の力」
第２章　魅力ある人となるためには ── 批判する人をもファンに変える力
第３章　人類幸福化の原点 ── 宗教心、信仰心は、なぜ大事なのか
第４章　時代を変える奇跡の力 ── 危機の時代を乗り越える「宗教」と「政治」
第５章　慈悲の力に目覚めるためには ── 一人でも多くの人に愛の心を届けたい
第６章　信じられる世界へ ── あなたにも、世界を幸福に変える「光」がある

幸福の科学出版

※表示価格は本体価格(税別)です。

運命を変える、
もうひとつの世界。
君のまなざし
製作総指揮・原案／大川隆法
梅崎快人 水月ゆうこ 大川宏洋 手塚理美 黒沢年雄 黒田アーサー 日向丈 長谷川奈央 合香美希 春宮みずき
(特別出演)
監督／赤羽博 総合プロデューサー・脚本／大川宏洋 音楽／水澤有一 製作・企画／ニュースター・プロダクション 制作プロダクション／ジャンゴフィルム
配給／日活 配給協力／東京テアトル ©2017 NEW STAR PRODUCTION
5.20(土) ROADSHOW

幸福の科学グループのご案内

宗教、教育、政治、出版などの活動を通じて、地球的ユートピアの実現を目指しています。

幸福の科学

一九八六年に立宗。信仰の対象は、地球系霊団の最高大霊、主エル・カンターレ。世界百カ国以上の国々に信者を持ち、全人類救済という尊い使命のもと、信者は、「愛」と「悟り」と「ユートピア建設」の教えの実践、伝道に励んでいます。

（二〇一七年五月現在）

愛

幸福の科学の「愛」とは、与える愛です。これは、仏教の慈悲《じひ》や布施《ふせ》の精神と同じことです。信者は、仏法真理をお伝えすることを通して、多くの方に幸福な人生を送っていただくための活動に励んでいます。

悟り

「悟り」とは、自らが仏の子であることを知るということです。教学《きょうがく》や精神統一によって心を磨き、智《ち》慧《え》を得て悩みを解決すると共に、天使・菩薩《ぼさつ》の境地を目指し、より多くの人を救える力を身につけていきます。

ユートピア建設

私たち人間は、地上に理想世界を建設するという尊い使命を持って生まれてきています。社会の悪を押しとどめ、善を推し進めるために、信者はさまざまな活動に積極的に参加しています。

国内外の世界で貧困や災害、心の病で苦しんでいる人々に対しては、現地メンバーや支援団体と連携して、物心両面にわたり、あらゆる手段で手を差し伸べています。

年間約３万人の自殺者を減らすため、全国各地で街頭キャンペーンを展開しています。

公式サイト **www.withyou-hs.net**

ヘレン・ケラーを理想として活動する、ハンディキャップを持つ方とボランティアの会です。視聴覚障害者、肢体不自由な方々に仏法真理を学んでいただくための、さまざまなサポートをしています。

公式サイト **www.helen-hs.net**

入会のご案内

幸福の科学では、大川隆法総裁が説く仏法真理《ぶっぽうしんり》をもとに、「どうすれば幸福になれるのか、また、他の人を幸福にできるのか」を学び、実践しています。

入会

仏法真理を学んでみたい方へ

大川隆法総裁の教えを信じ、学ぼうとする方なら、どなたでも入会できます。入会された方には、『入会版「正心法語」』が授与されます。

三帰《さんき》誓願《せいがん》

信仰をさらに深めたい方へ

仏弟子としてさらに信仰を深めたい方は、仏《ぶっ》・法《ぽう》・僧《そう》の三宝《さんぽう》への帰依を誓う「三帰誓願式」を受けることができます。三帰誓願者には、『仏説・正心法語《しょうしんほうご》』『祈願文《きがんもん》①』『祈願文②』『エル・カンターレへの祈り』が授与されます。

幸福の科学 サービスセンター
TEL 03-5793-1727
（受付時間／火〜金：10〜20時　土・日祝：10〜18時）

幸福の科学 公式サイト
happy-science.jp

教育

ハッピー・サイエンス・ユニバーシティ
Happy Science University

ハッピー・サイエンス・ユニバーシティとは

ハッピー・サイエンス・ユニバーシティ（ＨＳＵ）は、大川隆法総裁が設立された「現代の松下村塾」であり、「日本発の本格私学」です。
　建学の精神として「幸福の探究と新文明の創造」を掲げ、チャレンジ精神にあふれ、新時代を切り拓く人材の輩出を目指します。

学部のご案内

人間幸福学部

人間学を学び、新時代を切り拓くリーダーとなる

経営成功学部

企業や国家の繁栄を実現する、起業家精神あふれる人材となる

未来産業学部

新文明の源流を創造するチャレンジャーとなる

HSU長生キャンパス
〒299-4325
千葉県長生郡長生村一松丙 4427-1
TEL **0475-32-7770**

未来創造学部

時代を変え、未来を創る主役となる

政治家やジャーナリスト、ライター、俳優・タレントなどのスター、映画監督・脚本家などのクリエーター人材を育てます。4年制と短期特進課程があります。

・4年制
1年次は長生キャンパスで授業を行い、2年次以降は東京キャンパスで授業を行います。

・短期特進課程（2年制）
1年次・2年次ともに東京キャンパスで授業を行います。

HSU未来創造・東京キャンパス
〒136-0076
東京都江東区南砂2-6-5
TEL **03-3699-7707**

学校法人
幸福の科学学園

学校法人 幸福の科学学園は、幸福の科学の教育理念のもとにつくられた教育機関です。人間にとって最も大切な宗教教育の導入を通じて精神性を高めながら、ユートピア建設に貢献する人材輩出を目指しています。

幸福の科学学園

中学校・高等学校(那須本校)
2010年4月開校・栃木県那須郡(男女共学・全寮制)
TEL **0287-75-7777**
公式サイト **happy-science.ac.jp**

関西中学校・高等学校(関西校)
2013年4月開校・滋賀県大津市(男女共学・寮及び通学)
TEL **077-573-7774**
公式サイト **kansai.happy-science.ac.jp**

仏法真理塾「サクセスNo.1」 TEL **03-5750-0747**(東京本校)
小・中・高校生が、信仰教育を基礎にしながら、「勉強も『心の修行』」と考えて学んでいます。

不登校児支援スクール「ネバー・マインド」 TEL **03-5750-1741**
心の面からのアプローチを重視して、不登校の子供たちを支援しています。
また、障害児支援の**「ユー・アー・エンゼル!」運動**も行っています。

エンゼルプランV TEL **03-5750-0757**
幼少時からの心の教育を大切にして、信仰をベースにした幼児教育を行っています。

シニア・プラン21 TEL **03-6384-0778**
希望に満ちた生涯現役人生のために、年齢を問わず、多くの方が学んでいます。

NPO 活動支援

いじめから子供を守ろうネットワーク

学校からのいじめ追放を目指し、さまざまな社会提言をしています。また、各地でのシンポジウムや学校への啓発ポスター掲示等に取り組む一般財団法人「いじめから子供を守ろうネットワーク」を支援しています。

公式サイト **mamoro.org**
相談窓口 **TEL.03-5719-2170**
ブログ **blog.mamoro.org**

政治

幸福実現党

内憂外患《ないゆうがいかん》の国難に立ち向かうべく、二〇〇九年五月に幸福実現党を立党しました。創立者である大川隆法党総裁の精神的指導のもと、宗教だけでは解決できない問題に取り組み、幸福を具体化するための力になっています。

幸福実現党 釈量子サイト
shaku-ryoko.net

Twitter
釈量子@shakuryoko
で検索

党の機関紙
「幸福実現NEWS」

幸福実現党 党員募集中

あなたも幸福を実現する政治に参画しませんか。

- ○ 幸福実現党の理念と綱領、政策に賛同する18歳以上の方なら、どなたでも党員になることができます。
- ○ 党員の期間は、党費（年額 一般党員５千円、学生党員２千円）を入金された日から１年間となります。

党員になると

党員限定の機関紙が送付されます。
（学生党員の方にはメールにてお送りします）

申込書は、下記、幸福実現党公式サイトでダウンロードできます。
住所：〒107-0052　東京都港区赤坂2-10-8 6階 幸福実現党本部
TEL **03-6441-0754**　FAX **03-6441-0764**
公式サイト **hr-party.jp**　若者向け政治サイト **truthyouth.jp**

出版
メディア
事業

幸福の科学出版

大川隆法総裁の仏法真理の書を中心に、ビジネス、自己啓発、小説など、さまざまなジャンルの書籍・雑誌を出版しています。他にも、映画事業、文学・学術発展のための振興事業、テレビ・ラジオ番組の提供など、幸福の科学文化を広げる事業を行っています。

アー・ユー・ハッピー？
are-you-happy.com

ザ・リバティ
the-liberty.com

幸福の科学出版
TEL **03-5573-7700**
公式サイト **irhpress.co.jp**

THE FACT
ザ・ファクト
マスコミが報道しない
「事実」を世界に伝える
ネット・オピニオン番組

Youtubeにて
随時好評配信中！

ザ・ファクト　検索

ニュースター・プロダクション

NEW STAR
PRODUCTION

ニュースター・プロダクション（株）は、新時代の“美しさ”を創造する芸能プロダクションです。2016年3月には、映画「天使に“アイム・ファイン”」を公開。2017年5月には、ニュースター・プロダクション企画の映画「君のまなざし」を公開します。

公式サイト **newstarpro.co.jp**